大学之思译丛 · 刘东 主编

# 你够聪明吗？

## 大学对聪明的痴迷如何亏欠了学生

[美] 亚历山大·W.阿斯汀 著 朱安春 译

Alexander W. Astin

# Are You Smart Enough?

## How Colleges' Obsession with Smartness Shortchanges Students



江蘇鳳凰教育出版社

**图书在版编目(CIP)数据**

你够聪明吗?:大学对聪明的痴迷如何亏欠了学生/(美)亚历山大·W.阿斯汀(Alexander W. Astin)著;刘东主编;朱安春译.—南京:江苏凤凰教育出版社,2025.6.— ISBN 978-7-5743-0870-1

Ⅰ.G647

中国国家版本馆CIP数据核字第2025X3L600号

| | |
|---|---|
| **书　　名** | 你够聪明吗?——大学对聪明的痴迷如何亏欠了学生 |
| **主　　编** | 刘　东 |
| **著　　者** | 亚历山大·W.阿斯汀 |
| **译　　者** | 朱安春 |
| **责任编辑** | 王　岚 |
| **装帧设计** | 周伟伟 |
| **责任监制** | 石贤权 |
| **出版发行** | 江苏凤凰教育出版社(南京市湖南路1号A楼　邮编:210009) |
| **苏教网址** | http://www.1088.com.cn |
| **照　　排** | 南京前锦排版服务有限公司 |
| **印　　刷** | 南京爱德印刷有限公司 |
| **厂　　址** | 南京市江宁区东善桥秣周中路99号 |
| **开　　本** | 787毫米×1092毫米　1/32 |
| **印　　张** | 6.25 |
| **版　　次** | 2025年6月第1版 |
| **印　　次** | 2025年6月第1次印刷 |
| **书　　号** | ISBN 978-7-5743-0870-1 |
| **定　　价** | 48.00元 |
| **网店地址** | http://jsfhjycbs.tmall.com |
| **公 众 号** | 苏教服务(微信号:jsfhjyfw) |
| **邮购电话** | 025-85406265,025-85400774 |
| **盗版举报** | 025-83658579 |

苏教版图书若有印装错误可向出版社调换

Are You Smart Enough? : How Colleges' Obsession with Smartness Shortchanges Students, 1st edition

By Alexander W. Astin / ISBN: 9781620364482



江苏省版权局著作权合同登记号：图字 10－2024－445 号

# 《大学之思丛书》总序

刘东

这里所集中收录的，主要是美国那边的同事们对于高等教育的批判反思，——当然他们所集中针对的，也主要是美国的高等教育。

要说“挑剔”的话，这几乎就是在“鸡蛋里挑骨头”了。尤其是在晚近的紧张竞争中，我们就可以看得格外清楚了：那种既生机勃勃，又纪律严明的高等教育，几乎就是这个国家最大的比较优势了。——而且更令人惊异的是，这样的优势竟还能长久地维持不坠，以至于哈佛文理学院前院长几十年前讲出的话，还可以被当作刚发表的新闻稿来读：

> 在外国经济竞争对手似乎在一个接一个的领域里超过我们的日子里，可以再次确信一点：毫无疑问，美国主宰着世界的一个重大的产业，那就是高等教育。世界上 2/3 到 3/4 的最好大学是在美国。这个事实是被最近对美国高等教育展开批评的许多人所忽略的……我们经济中其他哪个部分能作类似的说明呢？有

棒球、橄榄球和篮球队——但名单也到此为止了。没有人会说今天的美国有2/3的全球最佳钢铁厂、汽车厂、芯片制造厂、银行或政府部门。我们处在高等教育质量表上的高端地位是非同一般的，它可能是一项特殊的国家资产，需要加以说明。①

可即使如此，那些远在大洋彼岸的知识人，还是对于自己置身其中的高等学府，进行着毫不容情的且不稍间断的批判。而且，这种批判也丝毫没有矫情之嫌，相反倒是充满了由衷的愤怒，正如斯坦福大学前校长唐纳德·肯尼迪所云："高等教育已经融入我们的生活。我们在所有的事情上离不开它，也相信它的价值。当它带给我们失败，我们就变得失望；而当它开销太大，我们就会愤怒。这种超乎寻常、至关重要的机构究竟是什么？它是怎样逐渐成为今天这种状况的？"②——于是也就不待言，也正因为这种力道很大又接踵而至的批判，才向我们的丛书提供了持续不断的移译内容。

那么，他们都在"挑剔"或批判些什么呢？我在以往撰写的类似文章中，也曾进行过一些简单枚举：

——忧虑它的过度市场化和企业化，忧虑它的精神流失；

——忧虑它的批量生产和形式主义，忧虑它的鼓励平庸；

——忧虑它的集体腐败和拉帮结派，忧虑它的风格趋同；

① 亨利·罗索夫斯基语，转引自克拉克·克尔：《大学之用》（第五版），高铦等译，北京大学出版社2008年版，第129页，

② 唐纳德·肯尼迪：《学术责任》，阎凤桥等译，新华出版社2002年版，第6页。

——忧虑时而出现弄虚作假和剽窃，忧虑它被外界污染；

——忧虑它像飘蓬一样无根地变异，忧虑它丢失了传统；

——忧虑它太贴向财大气粗的金主，忧虑它失去了独立；

——忧虑它虚掷纳税人的辛勤血汗，忧虑它有违于公平……

所以，虽然乍看不无突兀之处，细想却在情理之中的是，即使他们享有着相对正常的学术秩序，即使他们的举不胜举的顶尖学府，相比起来也简直像是“漂在钱海”里，可至少照身在其中的那些人看来，这个被戴维·洛奇挖苦过的“小世界”，也实在算不上什么“理想国”。恐怕正是职是之故，才在自己所从事的人文学科中，导致了曾经让我感到蹊跷不已的现象：“何以美国拥有那么多功力深厚的同行，但将其全部知识原创性叠加在一起，也远远及不上一个小小的巴黎？”[①]当然了，话又要说回来，正因为从未满足过身边的现状，他们那些富于力道的批判话语，还是从效果上构成了持续激发的马刺，终使那边的高校保住了总体的优势。——这种充满张力的辩证状态，若用我以往发表的语句来讲，正是在一方面，“知识群体突然兴奋地发现，大学这个他们最为熟悉的教育机构，正好提供了一个近在手边的文化案例，使自己可以充分发挥解析与批判的特长，从而不仅可以指望以自己的写作活动来改进身边的境遇，甚至还可以以此来报效大学所属的总体社会。”[②]而在另一方面，“也要平心地说一句，无论出现了多少问题，又正

① 刘东：《社科院的自我理由》，《理论与心智》，江苏人民出版社 2001 年版，第 223 页。

② 刘东：《众声喧哗的大学论说》，《我们的学术生态：被污染与被损害的》，浙江大学出版社 2012 年版，第 55 页。

因为保持着这样的忧患，正因为可以公开发表这种忧思，正因为由此可以促进改革，他们的大学才保持着相对的优势，成为当代美国已经屈指可数的优势和骄傲之一。”①

令人生畏的是，恰是当下这股全球化的逆流，更迫使我们去睁开眼睛看清楚，即使美国只具备高教这一个优势，也足以盖过它诸多的次要优势，从而在根本上创造和保持着综合的国力，这才是美国大学最令人羡慕也最值得学习的地方。六年前，我曾在“腾讯思享会”举办的授奖仪式上，历数过自己对当代中国的种种忧虑，包括“生态恶化”“创新不足”“生育下滑”“社会萎缩”和“文化垮塌”等等，而“创新不足”又在其中排得相当靠前，因为这更使得我们的社会经不起“脱钩”。——而归根结底，这又跟我们每天都在校园里发出的长吁短叹有关：“从我作为教授的角度来说，如果我们的教育还是死记硬背的应试教育，我相信我们的创新是不可指望的。我先教北大，后教清华，我的学生里边有很多状元但是他们不会创新，他们的博士论文主题都是老师我给的。一个博士论文题目都找不到，怎么可能做出能打败乔布斯的新成果？”②

出于这种深深的忧虑，尽管我不赞成某些文人的“东施效颦”——他们往往就连装出的愤怒都是“舶来”的——然而，一旦涉及整个文明的“创造性根源”，我们又不能不对于外部的话语有所敏感、有所触动，或者说，是不能不去倾听那些作为激发动力的、对于大学制度本身的

① 刘东：《再序〈大学之忧〉丛书》（修订稿）。

② 刘东：《社会自治可驯化政治力——在 2015 冬季腾训思享会上的发言》，《坚守坐拥的书城》，江苏人民出版社 2020 年版，第 512 页。

批判反思，并由此对身边的问题发出触类旁通的反思。无论如何，决不能再摆出“事不关己，高高挂起”的架势，更不能只是琢磨怎么去钻现有制度的空子，所以它越是千疮百孔地糟透了，就反而越让自己有机可乘、有利可图。否则，那一切自夸就终是在妄发“虚火”，既徒然地招人嫉恨，又浅薄得令人喷饭；而我们正在快速崛起的父母之邦，则更匹配不上最起码的、与其体量相适应的“脑容量”，只剩下规模庞大的肉体身躯，像是尚未进化到“智人”阶段的远古猿人。

应当转念想到，我们置身其中的高等学府，并不只是我们借以安顿自己的机构，以至一旦有幸躲到了里边，那就什么样的话题都可以研究，哪方面的合理性都敢于追问，偏偏就不去研究这个机构本身，更不敢追问它是否具有合理性。事实上，这种具有历史性的学术和教育机构，本身也是脱生于具体的社会语境，也有自己的来龙去脉、前因后果，绝不可能是天然合理、天经地义的。既然如此，我们就只有通过不间断的检讨与反思，才可能一步步地去改进和优化它，从而让自己在其中发出的深层运思，变得更加自如和富于活力，获得更上一层的解放与焕发。

与此同时，正由于在这种潜心的研读中，确然看到了来自西方本身的检讨，从而看出了即使是哈佛耶鲁，也并非光可鉴人、无懈可击，我们就更容易从以往的盲从中解脱出来，尤其是，从当下对于“一流大学”的亦步亦趋中，幡然悔悟和恍然大悟地挣脱出来。回顾起来，针对这种盲人瞎马式的追随，我过去也早已撰文贬斥过了：“必须警惕这样一种本质主义的倾向：一旦谈论起大学，总是贪图省事不假思索地以不变应万变——误以为只要从西方文明的源头略加寻索，就准能在那里找到必然预制好的万应良药来；甚至，即使很显然当代西方本身在教育实践中已经把那些理念弃而不用了，也仍然刻舟求剑地认为：只要能坚持表现得比西方还要西方，就一定会医治好当代中国的大学。”①

于是不在话下，用以取代这种盲目追随乃至狐假虎威的，只能是我们本身的开动脑筋与独立思考，从而让我们对于中国大学的构想与改造，变得更加清醒自觉、胸有成竹，让我们置身其中的高等学府，也能逐渐匹配当代生活的紧迫要求。无论如何，总希望能有更多志同道合的同事，来加入对于大学本身的这番阅读与思考，从而打从文化基因的隐秘深处，来激活整个中华民族的造血机制。——不管译介的工作将会多么艰涩与费力，我们都愿把为此付出的这份额外辛劳，源源奉献给有志于此的同道们！

2022年12月11日

于浙江大学中西书院

---

① 刘东：《众声喧哗的大学论说》，《我们的学术生态：被污染与被损害的》，浙江大学出版社2012年版，第41页。

# 赞《你够聪明吗？》

“亚历山大·阿斯汀(Alexander Astin)是一位富有创造力的领导者和敏锐的观察者，他向人们展示了专注于学习和发展如何能够为不断探索的社会开拓教育机会的新前景。他的策略行之有效。我在美国各类四年制高校50多年的教学和管理过程中见证了相关成效。”

——***J. 赫尔曼·布莱克(J. Herman Blake)***，加利福尼亚大学圣克鲁兹分校奥克斯学院首任教务长，爱荷华州立大学非裔美国人研究中心名誉教授

“亚历山大·[桑迪(Sandy)]·阿斯汀在《你够聪明吗?》一书中对过于强调标准化考试的原因和影响以及由此带来的标准化学习进行了深刻剖析。如果我们找到合适的方式来认可不同学习方式的差异，会发生什么情况呢？我们如何才能做到这一点呢？这本书为我们思考上述问题提供了极好的平台。”

——***乔纳森·拉什(Jonathan Lash)***，汉普郡学院院长

"在这本对教育界直言不讳且极具说服力的质疑之作中,桑迪·阿斯汀精确地指出,教育工作者对所录取学生的资质、入学准备情况和'优势'的关注远远超过了对学生在迈向毕业终点过程中的实际学习情况的关注。阿斯汀呼吁教育工作者不仅要审视自身的价值观和信仰,而且要从根本上加以修正。"

——***卡罗尔·吉尔里·施耐德(Carol Geary Schneider)***,美国高等学校协会主席

"桑迪·阿斯汀的研究成果和学术著作是高等教育研究中最伟大的知识瑰宝之一。他的新书提醒我们,我们应该关注的是如何全面促进学生智力方面的发展,而不能仅仅关注最聪明的学生。这是在美国高等教育领域吹响的重要号角。"

——***欧内斯特·帕斯卡雷拉(Ernest Pascarella)***,爱荷华州立大学教授、玛丽·路易斯·彼得森高等教育学会主席

"这本书对于从事高等教育的教职员工和管理者来说是必读之作。我强烈赞同阿斯汀的核心理念,即'加强对各层次学生的教育对于增进社会的福祉至关重要'。如果不重视学生的个性发展,只是一味地提升他们的智力水平,将无法创造我们珍视和需要的文化多元、全球相互依存的民主社会。"

——***亚瑟·W.奇克林(Arthur W. Chickering)***,《冷静的激情:挑战高等教育》一书的作者

致莉娜

# 目 录

# 致 谢

我非常高兴能与斯塔勒斯出版社(Stylus Publishing)的同仁一起参与这个项目。我的责任编辑大卫·布莱曼(David Brightman)从一开始就及时向我提供了不少独到的建议和指导。谢谢你大卫,正是有了你给出的许多宝贵建议,接下来的一切才得以顺利进行。斯塔勒斯的总裁约翰·冯·克诺林(John von Knorring)也给出了关键性的建议,使书稿质量大大提升。最后,我要感谢联合执行编辑麦肯齐·贝克(McKenzie Baker)在编校过程中的毅力和耐心,并感谢斯塔勒斯的美编,我们共同努力设计出合适的封面。

我要感谢马克·罗森(Mark Rosin)对书稿前三章提出的宝贵意见。我还要感谢我的孙女艾琳(Erin)和阿玛利亚(Amalia)的帮助,她们向我提供了一些现实生活中的素材,说明"聪明"的学生如何有幸利用社区学院来促进自己的教育发展。最后,我要感谢我的家人莉娜(Lena)、约翰(John)、保罗(Paul)、珍妮(Jenny)、丽萨(Lisa)、伊拉(Ila)、阿玛利亚和艾琳,还有几位朋友的帮助,他们自愿参加我的非正式民意调查,帮我选出最好的书名和最佳封面。

书中的大多数观点形成于多年来我与朋友、亲戚和同事所进行的无数次激动人心的对话之中。一直以来，我非常幸运有莉娜·阿斯汀(Lena Astin)这样的忠实伴侣、玩伴、顾问和爱人。莉娜也许已经听腻了我的关于美国高等教育现状以及如何挖掘其潜力之类的夸夸其谈，但她还是耐心地倾听，并给出明智的建议。我 2014 年初开始着手写这本书，就在莉娜被诊断出患有无法手术的胰脏癌之后不久。然而，即使身体非常不适，她依然是我最好的顾问，帮我作出决策。在她生病的 20 个月里，当莉娜在化疗室或是在家里喜欢的躺椅上打盹时，我一边坐在她身边陪着她，一边挤出时间来写书稿。当她醒来时，我有时会与她一起分享我写的东西。在整个写作过程中，我勇敢、甜美的莉娜总是鼓励我要坚持下去，这样我“除了担心我之外，还有些事做做”。尽管进行了化疗和放疗，去了无数次医院，看了无数次医生，经历了无数的痛苦和不适，但莉娜依然乐观、勇敢、坚强，直到 2015 年 10 月底她去世之前一直过着充实的生活，当时这本书的编撰工作已经完成。谢谢你，我的爱人，谢谢你这么多年的陪伴与携手同行，谢谢你做你自己。

# 导 言

全世界都羡慕美国的大学。在最近的一项国际性民意测验中，全球排名最靠前的30所大学中有21所(前10所中有7所)是美国的大学(据2014年世界大学排名)。在所有诺贝尔奖获得者中，有三分之一是在美国大学工作的科学家[费舍尔(Fisher)，2013]。更令人震惊的是，在全球教师获得诺贝尔奖最多的10所大学中，有8所在美国(《大学中的诺贝尔奖得主》，2009)。

不用觉得奇怪，高校比较看重智力水平——或者正如我这本书中所选择称作*聪明*[①]的东西。毕竟，你必须非常聪明，才可能进入一所好的大学，取得好成绩，参加并完成博士项目或是获得诺贝尔奖。很显然，每所高校都尽其所能去招收最聪明的学生，并千方百计聘请最聪明的教授。然而，大家往往忽略的是——也正是促使我写这本书的原因——在我们4000多所高校的150万名教职员工中，有太多的人只是看重挑选*原本*聪明的学生，而不是想着如何*促进*学生的智力发展。

---

① 英文原著中使用斜体的部分，在译稿中保留。

毕竟，每个教育机构都将培养学生的能力视作主要使命——帮助学生学习、成长，把他们培养成有能力、有责任心的公民、家长、员工和专业人士。

这个问题对期待有美好前程的大学生和他们的家长来说有着巨大的影响。家长们理所当然地认为高校的存在是为了给学生“增值”，而并不仅仅是判定哪些是最聪明的学生。但在大多数高校，尽管教师可以告诉你哪些是最聪明的学生，但他们通常无法告诉你他们的学生实际上在学些什么，以及每个学生成长和发展的情况。这是因为他们青睐的评估办法——课程学分和标准化考试成绩——只能挑选出最聪明的学生，却无法显示一段时间以来学生们正在学些什么以及发展得怎么样。

将学生的智力水平等同于学术能力评估测试（SAT）和美国大学入学考试（ACT）这类标准化考试的成绩，同样过于简化了人类天赋的显著多样性。因为大多数高校都致力于培养内涵更丰富、涉猎更广泛的人才，这些人才必须具备包括创造力、领导力、批判性思维、公民意识、社会责任感、同理心和自我认知等在内的品质。鉴于此，这种将智力水平只是简化为像标准化考试成绩这样一个单一片面指标的做法是万万不行的。

家长们还需要意识到，美国高校的等级秩序明显有利于最聪明的学生。如果您孩子的学业成绩或是参加标准化考试的成绩没能达到前10%—15%，那么他或她可能就不会被排名靠前的高校录取，他们只能就读班级人数更多、教学设施更少、教育经费更短缺的高校。如果入学申请者准备不那么充分，他们将不得不面对那些更想教准备充分的学生的教师。更多家长可能会质疑："教育系统为什么对在高等教育方面最有需要的学生投资最少呢？"

这些问题同样对企业、政府机关、学校和其他招收大学毕业生的单位有重大影响。高校的任务并不只是在录取新生时甄选出最聪明的学生，四年后在他们毕业时给他们打个学分，授予他们学位这么简单。相反，我国人才库的质量在很大程度上取决于高校在学生就读期间如何*培养*他们的能力。而且，这种培养要面向全体学生。

我们的国家不能只教育一部分人。美国正在迅速成为一个知识型社会。考虑到国家的人员构成日益多样化，高校的首要任务是培养所有学生的才能和创造力，使他们做好应对未来环境、社会和经济问题的准备，这一点至关重要。面对这样的挑战，美国高等教育再也不能简单地认为学生们正在最大限度地挖掘自身的潜力，充分发挥自己的才能。

如果高等教育机构开始用更系统的方式来监测学生的*学习情况*，他们可能会在所有不同层次学生的备考阶段就设计出更有效的教学和指导方法。此外，如果高校想拓宽评价范围，更多关注目前标准化考试和学业成绩中未体现的一些重要品质——如创造力、领导力、公民意识及团队协作精神——那么我们高校培养受教育劳动者的能力一定会大大加强。

高等教育为什么如此重视学生*原本*的智力水平？为什么给*聪明*下了个如此狭隘的定义？几乎每所高校的核心职能——教学和科研——都在教师的掌控之下。教师决定该录取什么样的学生、教他们什么、如何教他们以及如何对学生进行测试和评分。教师替学生选择研究课题，甚至学生开展研究所要采用的方法也由他们决定。尽管管理人员通常有最终的决定权，但是教师在决定哪些新同事将被录用、哪些同事可以被提拔等方面也起着重要的作用。当然，这些管理者中有许多人刚好就是现任高校教师或曾经的高校教师。

与别的专业团队一样，大学教授也有自己的*文化*，我指的是他们共同的信仰、共同的核心价值观和原则，这些信仰和原则决定了他们如何进行教学、如何开展研究、如何处理大学里的各种关系。尽管有些信仰是大家一致公认的（例如，学术自由、追求真理），但本书的中心论点是，有一种信仰对学术实践和校园生活产生的影响比其他任何别的信仰都要大，尽管它鲜为人知且几乎从未被承认过。我想把这种信仰称作

| |
|---|
| "聪明"的重要性。 |

除了"聪明"之外，还有很多可用的形容词——机智、有创造力、伶俐、有智慧、有才华、有知识——但为了简便起见，我还是坚持用"聪明"这一表达。

很容易理解大学教授为什么如此重视学生是否聪明。几乎所有高校的教授都接受过高等教育，大多数在高校任职的教师都需要获得高校授予的最高学位——博士学位。你必须非常聪明才能获得博士学位。大多数高校的教师在中学和大学时代都是非常优秀的学生，他们的学术成就为他们赢得了各种荣誉和认可。他们所选择的用来评

价学生的标准——高中的学业成绩和标准化考试的成绩——也同样是可以帮助他们在学术方面达到最高水平的那些标准。

教师文化以一种近乎虔诚的方式看待聪明。那些被视为特别聪明的同事通常受到人们极大的尊重和推崇。有些教师不遗余力地向同事们展示自己的聪明才智，给他们留下深刻的印象。另一些人也尽最大努力避免给别人留下“不够聪明”的印象。总的来说，这些策略通常在教师会议中造成极大的干扰，对教师关系也极具破坏性。他们会不遗余力地录用最聪明的同事，并淘汰那些最终被认定为“不够聪明”的同事。对待学生同样如此：他们尽一切努力去录取那些最聪明的申请者，表彰和奖励那些录取后学业成绩最优异的学生，并淘汰那些不够聪明的学生。

最近，大多数精英院校在录取学生时越来越依赖标准化考试的成绩，而不怎么看中高中时的平均学分绩点(GPA)。各所学校的平均学分绩点不具可比性，多年来各校的平均学分绩点多有水分，以至于平均学分绩点达到 4 分或高于 4 分已经司空见惯。因此，精英院校越来越喜欢把标准化考试成绩作为评定入学新生聪明与否的首要指标。然而，在*高校*课程中鲜有适合评估表现的标准化考试，课程学分和平均学分绩点依然是评估学生进入大学后智力水平的首要手段。

重要的是必须意识到，以课程学分和考试成绩为衡量标准的个人素质*不是*一成不变的。事实上，大量证据表明，学生的个人素质极有可能发生变化。例如，从高中到大学，那些成绩最好的和成绩最差的学生会发生很大变化[帕斯卡雷拉和特伦兹尼(Pascarella & Terenzini)，1991，2005]。实际上，任何一个曾在高中和大学执教的教师都知道有“大器晚成者”，这些学生最初的学习成绩相当不好，最终却有可能逆袭。就标准化考试而言，大量证据表明，通过培训辅导，考试成绩可以大大提高[帕克和贝克斯(Park & Becks)，2015；兹韦克(Ziwick)，2007]。事实上，大型商业备考公司之一的普林斯顿评论(The Princeton Review)有限公司就*承诺*，它保证可以帮助客户在学术能力评估测试中综合成绩至少提高 200 分(《普林斯顿评论》，未注明日期)。这种对聪明的关注有助于高校建立等级秩序，在这样的等级秩序中，精英高校或“排名靠前”的高校是那些招收最聪明学生的学校，标准化考试成了它们筛选申请人的主要手段。因此，这些高校的“质量”和“卓越程度”是根据其入学学生的平均考试成绩来评定的，而不是由他们入学后的*培养教育*成效来决定的。在大学招生的过程中，对考试成绩的普遍依赖催生了一个蓬勃发展的备考行业，该行业将昂贵的服务推荐给那些焦虑的学生和家长，他们争相让学生考入排名靠前的“优质”大学。

过分关注考试成绩和希望被“好”大学录取的愿望让许多家长和学生忘记了大学的根本使命应该是*发展*学生的智力——帮助学生获得在现代社会就业和过体面生活所需的才能、技能、知识和个人素养。相同的关注点也使得学校难以履行多样化培养学生和为学生提供平等机会的承诺。因为来自低收入家庭的学生和来自代表性不足群体的学生的标准化考试成绩往往处于劣势，高校往往录取那些在标准化考试中取得最高分的申请者，而将他们拒之门外。此外，整个高等教育体系都特别优待那些最聪明的学生，即便是那些能达到平均水平的学生也会被剥夺平等的机会。取而代之的是，如果能够从如何*增加*每个学生的才能和能力的维度去评判高校，那么具有不同学历水平的申请者都有可能被同等重视。

对众多高校产生影响的“不发表即出局”理念，在很大程度上也同样体现为对聪明的痴迷：因为发表学术成果已经成为大多数学术领域考量是否聪明的主要指标，想要晋升的教师、渴望获得教职的求职者，以及那些只是想赢得同事尊重的教师都投入太多的时间去做研究、去写可供发表的论文。这些现象有助于解释为什么许多大学教授在教学和指导学生方面一直投入相对较少的时间。

我写这本书的愿望之一是突显这些问题，这样做不仅是为了高校教师，也是为了中学教师、广大家长和那些有着远大抱负的学生们。鉴于对聪明重要性的认识已经成为大学文化中基本且隐性的存在，我们有理由质疑，大学教授们是否想过他们是不是实实在在地意识到，*发展*学生的智力水平比只是*识别*和*获得*聪明的学生更重要。为了实现这一目标，高校教师可能需要就大学文化问题展开深入的对话，并开始认真审视那些可以帮助我们重塑高校政策和实践的共同信仰和价值观。

# 第一章

# 高等教育的等级秩序

有一个简单的室内游戏，你可以与几乎所有人玩的那种。这个游戏没什么技术含量——每个参与者需要的只是一张小纸条和能写字的笔就可以了。游戏开始时，你要求每个参与者“写出全国最好的10所高校的名称”。

然后，对比列出来的这些名单，有人来统计每所被列出的高校分别出现过几次。你很快就会发现，不管什么样的人玩这种游戏，总有一些大学几乎会出现在每个人列出的名单中——哈佛大学、耶鲁大学、普林斯顿大学、麻省理工学院、斯坦福大学——还有另外15到20所大学——加利福尼亚大学伯克利分校、布朗大学、康奈尔大学、达特茅斯学院、哥伦比亚大学、芝加哥大学等等——这些高校通常至少会出现在部分名单上。

如果想让游戏更有趣，你可以提前准备好你预测的20至25所最好高校的排名名单，并把名单放在信封里封好，做游戏时再带过来。当参与者的结果统计完毕后，你再打开信封，看看你是否可以未卜先知。

然后，你可以向参与者提问："有 4000 多所高校供你们选择，为什么你们在选择 10 所最好的高校时，意见竟如此高度一致？我又是怎么能预测你们会选出哪些高校的？"

当然，答案是你和其他游戏玩家对哪些是"最好"的高校有着相同的*信仰体系*。不同游戏参与者在排名细节上会略有不同，但我们所有人都普遍认同：只有 20 多所"优秀"的高校有资格跻身前 10。

不要让大家被这样的观点动摇了自己原本的想法，即参与者一定读过近年来流行的高校排名榜单（《美国新闻》和《世界报道》列出的高校排名也许是阅读最广泛的）。我差不多在 50 年前，远在这些排名榜单出现之前就开始玩这个游戏了，多少年来结果总是一样的。

事实上，哪怕你在大街上随机挑选人参与这个游戏，结果也都差不多。大多数在高等教育领域工作的专业人士能够证明他们的选择与大众的观点高度一致（例如，"排名前 50"的高校），而且他们选出的排名前 10 或前 20 的高校名单通常也与其他人基本相同。当然，这些精英高校也同样会成为每年春季高中生和他们焦虑的家长所要申请的进行着"招生大战"高校中的焦点（见第二章）。

美国 4000 多所高校的等级秩序可以通过把它想象成一个金字塔形的等级制度将其可视化。占据塔尖的只有几十所精英高校。你按着等级秩序向下走时，金字塔会越来越宽，直至你走到塔基，位于塔基的大多是社区学院。

在坊间流行的这种高校等级秩序中，唯一可以预测的高校就是哈佛大学。哈佛大学不仅会出现在每个参加这个室内游戏的玩家的列表中，而且通常都排在第一。哈佛大学的名字有一种特殊的魅力，它深深影响着美国高等教育的方方面面。如果哈佛大学有什么创新之举，就会成为新闻。为什么呢？因为，那些决定什么消息具有新闻价值的人——记者、编辑、摄影师——跟你我一样脑子里有着相同的坊间传说。

请记住，这不仅仅是或者主要是关于哈佛大学或是关于“谁是第一？”的问题。在某些充满竞争性的排名系统中，例如体育比赛、政界选举等，能否成为第一至关重要。很少有人能记住选举中的落选者，或在体育比赛中获得第二名或第三名的运动员。然而，对美国的高等教育，我们脑子里所呈现的实际上只是高校的整个等级秩序、地位等级，即哪些是“最好”大学的共同文化信仰。重要的是，我们大多数人对哪些是特定的“最好”大学有着相似的观点。

美国人对任何事情都喜欢进行排名和评分，然而对高等教育等级秩序的排名在一个根本方面与其他所有排名体系都不同。像商业和体育这样领域的排名体系主要基于其*业绩*：公司的销售额、利润或公司的市值，或团队输赢的记录。但在高等教育领域，排名不是看业绩，而要看在人们的*观念中*哪所高校是“最好的”。正如我们将要看到的，这些观念在很长一段时间内仍将非常稳定。

一所高校在整个高校排名榜单中的准确位置并不是什么真正的问题。你可能认为普林斯顿大学排名第四，而我可能认为它排名第九，但我们都认为它必须在榜单上名列前茅。你可能认为耶鲁大学应该排名第二，而我可能认为应该是斯坦福大学在那个位次，但我们都认为斯坦福大学和耶鲁大学应该在榜单中排名靠前。即使我们都不太想把约翰·霍普金斯大学和芝加哥大学排进前 10 名，但是我们都认为这两所大学还是值得考虑的。

许多对自己在高校等级秩序中的排名不太满意的学校会投入大量的金钱和精力，试图改变人们的固有观念，让人们相信它们应该排在更高的位次。与此同时，大多数排名靠前的高校都在竭尽全力保持自己的领先排名，甚至想着把排名再向前提升一些。但是恕我直言，《美国新闻》公布的高校排名并非“客观”标准，对高校的排名我们有自己的认知。正如我们将要看到的，这些排名体系都严重依赖这一认知体系。

坊间高等教育的等级排名不仅存在于那些想上“最好”大学的学生及其家长的脑海中，也存在于那些想招聘“最好”大学毕业生的雇主或是那些希望为“最好”的学校提供资助的政府机构和慈善基金会工作人员的脑海中。我们今天所看到的商业排行榜只是在坊间既定的排名基础上标上了数字。人们之所以对公布的排名感兴趣，只是因为排名最高的那些高校与室内游戏名单中出现的那些高校几乎相同。如果那些名不见经传的学院出现在高校排行榜榜首，有多少人还会认真看待这个商业排行榜？如果哈佛大学和耶鲁大学没能上榜，又有多少人会认真看待这个商业排行榜呢？

考虑到这些坊间的高等教育排名时，我们应该记住，我们大多数人甚至从未去过这些排名靠前的大学校园，而对于这些精英高校为了成为“最好”的学校实际上*做*过些什么，了解的人就更少了。然而，当我们玩游戏时，我们可以毫不费力地说出它们的名字。那么，我们是从哪里又是如何获得哪些是“最好”高校的认知的呢？

我们大多数人都是从父母、兄弟姐妹、老师和朋友那里得知这些高校的名字的，尤其是当我们试图决定就读哪所高校时，我们也会用同样的方式把这些高校的名字传给自己的孩子。换句话说，全国“最好”高校的名字存在于我们所有人的脑海中。它是我们文化的一部分，是我们共同的信念，是坊间的共识。多年来，这些信念可以通过一些特定的事件被屡屡“证实”——一位成为亿万富翁的校友、一位获得诺贝尔奖的教授、一笔政府拨付或慈善机构捐赠的巨款——但这些排名还是基于我们的共同信念。

### 等级制度靠什么支撑?

我们大多数人可能接受了高校存在等级制度这一现实，而不去想这样的等级制度是如何形成的以及是如何维持下去的。这个问题的答案非常简单，尽管这个答案在很大程度上是隐性的：*美国高等教育中的高校等级秩序是靠学术文化来维系的*。大多数高校教师在上学时就是优秀的学生，他们自然认同聪明的学生。因此，他们中的大多数人认为，他们学校的“卓越”取决于学生有多聪明，这也就解释了他们为什么强烈支持学校青睐聪明学生的招生政策。正如在中学和大学学术成就竞争中，有那么多最优秀的学生能取得最高分一样，各高校的教师也在从事着一项富有竞争性的事业，想要看看谁能招到最聪明的学生。正如《高等教育纪事报》最近的一篇文章中阐述的那样，“招生官用来评价申请者的标准也会让公众对该学校的质量有所了解”[胡佛(Hoover)，2015，第 24 页]。一所高校的入学新生越聪明，公众就会认为该学校越卓越。那些最聪明的申请者往往会被该校的声望以及奖学金所吸引，一旦他们入学，学校的各种荣誉以及一些特殊优待便会蜂拥而至，比如进入院长嘉许名单、获得优秀毕业生荣誉等。

即使是在那些录取门槛较低高校工作的教授们也持相同的观点，喜欢那些最聪明的学生。因为，他们与那些排名靠前高校的同事一样，在那些高度重视智力水平的高校中获得过高级学位。

可以说，如果高校教师崇尚的文化是重视艺术天赋而不是学术才能和智力水平的话，那么，我们可能会有一个完全不同的高校等级秩序，其排名会基于最优秀的年轻艺术家们更想上什么样的学校。

## 哪些学校排名靠前？ 请紧随那些聪明的学生

如果你不想玩这个室内游戏，那么你确定最负盛名高校的最直接方式就是看那些最聪明的学生被哪些学校录取了。许多年前，我是伊利诺伊州埃文斯顿美国国家优秀奖学金公司（NMSC）的研究员。该公司每年会对 100 万名高中生进行测试，并挑选出得分最高的 1500 名学生，给他们每个人颁发国家优秀奖学金。百万分之一千五也就是这些参加测试者的前*1%中的七分之一*！该公司还特别表彰了那些成绩略低于奖学金获得者的几千名学生，这些接近获得奖学金者的学生被称作“入围者”“表扬生”。请注意，即便是在这个范围更大一点的人才库中，我们所论及的也只是全部学生中那些最聪明的 3%—4%。

美国国家优秀奖学金公司进行的一项研究表明，那些差不多可以上任何一所大学的高分学生真正想上的大学却屈指可数。如果到目前为止你仍在关注这个问题，你可以猜一猜他们最想上的大学有哪些:其实就是你在玩室内游戏时出现在名单上的那些大学。

在美国国家优秀奖学金公司工作时,我很快发现关于坊间高校排名的一些情况。如果我简单地计算一下任意一所高校入学新生中正好被认定为奖学金获得者、入围者和表扬生——换句话说,那些非常聪明的新生——的比例的话,我就可以准确地衡量这所高校在公众心目中的地位,人们认为它的“卓越”程度,以及它在那个室内游戏中的可能性排名。为什么呢?因为那些拔尖的学生有能力进入他们选择的任何高校,因为那些高校乐意录取他们,而且他们的家长、老师以及其他人也会建议他们该上什么学校,他们*相信*这些高校是最好的或最“卓越”的。

高校的排名更多基于人们的观念,而并非基于学校的实体设施,因此,我不由地开始想弄清楚这些排名靠前的精英高校与那些排名靠后的高校实际上有什么不同之处。我之前就知道,这些精英高校比其他学校招收了更多非常聪明的学生,但是除此之外,还有哪些不同之处呢?

当你将这些精英高校与其他学校相比较时,首先最突出的一点就是它们有相当可观的财富。与绝大多数其他高校相比,它们获得捐助的数目更大,图书馆的藏书更多,校园里的植物更漂亮,它们给教职员工发的薪水也更高一些。本着“拥有即可得”的原则,它们可以从捐赠者、慈善基金会和政府机构获得更多资金,它们向学生收取的学费也更高一些。

全国最负盛名的前20或30所高校都为本科生提供校内住宿,而且实际上大多数学校都要*求*学生住在校园里。当然,有许多排名略微靠后一点的高校也为学生提供住宿，但是排名越低的学校为学生提供住宿的可能性就越小。全国 1600 所社区学院大多是排名靠后的院校，这些院校是不为学生提供住宿的。尽管这些社区学院确实招收了许多不需要住宿的学生（例如成年人、兼职学生），但是每年秋天它们也会招收 50 多万名应届高中毕业生，这些学生是要全日制攻读学士学位的，就像那些高中毕业后进入精英高校的学生们一样。后面，我将要对社区学院进行更多介绍。

## 规模至关重要

想要搞清楚美国高校的等级秩序，考虑另外两方面因素的影响至关重要：*规模*和*科研重点*。学校的声望不仅仰仗于你是否拥有聪明的学生，还取决于你能招收*多少*聪明的学生。因此，尽管加利福尼亚波莫纳学院（www. pomona. edu）招收的学生与斯坦福大学招收的学生一样聪明，但是斯坦福大学在高校中的排名要靠前得多，部分原因是它的规模要大得多。请注意，高校的规模大了，它们就更有可能开设博士课程，设立医学院、法学院，组织开展大量研究，所有这一切都可以提高它们的声望。斯坦福大学拥有上述所有优势，而波莫纳学院却没有。

然而，关于规模的有趣之处在于，只有当学生很聪明时，其对高校的优势才得以显现。一所像社区学院一样没什么学生选的高校并不会因为它规模更大些而比其他社区学院更有声望，它可能更广为人知或更*受瞩目*，但没有人会认为它更有声望或*质量*更高。

我们可以通过对比加利福尼亚州的三所小型私立大学，来看看规模和科研对学校声望的影响。大多数人都听说过加利福尼亚州的理工学院，或称加州理工学院，尽管它规模很小，每年招收的本科生都不到 1000 人。它如此有声望的一个原因是它挑选学生的条件令人难以置信：一直以来加州理工学院新生的入学成绩比国内其他高校新生的入学成绩都要高。加州理工学院聚集了全国最聪明的学生，拥有规模庞大的研究生项目，开展了大量科研活动，因此，尽管它规模很小，但仍跻身全国顶尖院校之列。它在科研方面的声誉因培育出众多的诺贝尔奖获得者（即有“非常聪明”的教师）而得到进一步强化。

然而，与其相邻的一所科技学院——哈维·穆德学院——的声誉远远不如加州理工学院，尽管该校的本科生人数与加州理工学院大致相同，而且学生的聪明程度也大体相当。为什么哈维·穆德学院没什么声望呢？因为该校没什么研究生项目，也很少开展科研活动。即便如此，尽管哈维·穆德学院规模很小，但由于它招收了一些聪明的学生，它仍享有相当高的声望，在高校排名中的位次也相当不错。

最后，还有一所深泉学院，它位于加利福尼亚州偏远的高地沙漠地区。你听说过深泉学院吗？也许没听说过吧。尽管深泉学院学生的入学成绩跟加州理工学院和哈维·穆德学院学生的一样高，但你不会在任何室内游戏的名单上找到它。为什么？因为它只招收 25 名学生！因此，即使你的招生像加州理工学院一样挑剔，但如果规模这么小，也不会有什么声望。规模至关重要，即便是对那些最小的学校来说也是如此。

## “卓越”的公式

鉴于高校存在声誉问题这样的现实，你对大多数院校投入大量金钱和精力以期提高自己在高校排名中位次的做法还会感到奇怪吗？研究型大学试图通过遵循一个简单的公式来提升自己的声誉：

| 声誉＝聪明的学生＋知名教师＋金钱 |
| --- |

文理学院通常遵循一个更简单的公式：

| 声誉＝聪明的学生＋金钱 |
| --- |

金钱不一定能直接提升学校的声誉，但它可以吸引聪明的学生和知名教师到学校来。反过来，有了知名教师，可以通过吸纳研究资助和慈善捐赠的形式给学校带来更多的资金。大多数学者都可以直观地理解这些公式。因此，高校在追求卓越的同时提升着自己的*声誉*——在室内游戏名单上的位次也稳步提升——并且获得越来越多聪明的学生、知名教师和金钱这样的*资源*。请注意声誉和资源之间的关系：拥有更多的资源可以更容易提升学校的声誉，而拥有良好的声誉可以帮助高校获得更多的资源。当然，最重要的资源是聪明的学生：*每所高校，无论规模大小，无论科研重点是什么，都在寻求聪明的*

学生。

美国国家优秀奖学金公司是由福特基金会于1955年创立的，旨在发现全国最聪明的年轻人，并给他们发放奖学金，确保他们可以上大学。奖学金颁发后不久，各高校之间就展开了争取奖学金获得者的竞争。因此，选择就读某所高校的奖学金获得者的数目被视为学校卓越的标志："如果有这么多优秀的奖学金获得者决定到我们学校读书，那我们一定相当优秀。"每年在激烈竞争之后，大多数招收到优秀奖学金获得者的高校都会发布新闻。当然，哈佛大学经常雄踞榜首，每年秋季都能招收到200多名奖学金获得者。

所有入围者都被认为也值得获得奖学金，因此美国国家优秀奖学金公司有一个销售团队，负责从更大范围的入围者中挑选出一些人，通过企业"赞助商"给他们发放额外的奖学金。通过这种方法，美国国家优秀奖学金公司得以大幅增加获得优秀奖学金的学生人数。20世纪60年代初，在美国国家优秀奖学金公司成立后不久，当《读者文摘》杂志创始人德威特·华莱士提议"赞助"几十名入围者，让他们成为优秀奖学金获得者时，愿意赞助奖学金的潜在赞助商人数急剧增加。华莱士的条件是这些学生愿意报考他的母校——位于明尼苏达州圣保罗市的玛卡莱斯特学院。美国国家优秀奖学金公司同意了这项提议，并立即发起了一项运动，鼓励其他高校仿效玛卡莱斯特学院的做法。

实际上，高校可以通过这种方式"购买"优秀奖学金获得者。当这些候选者成为国家优秀奖学金入围者时，他们必须说出自己首选的高校。要想成功获得大学赞助的关键是，必须让这些入围者明白，如果他们愿意将提供赞助的高校作为首选，他们就可以大大提高获得优秀奖学金的概率，大致可以达到八分之一。事实上，大多数非高校赞助的优秀奖学金获得者选择了室内游戏名单上的那些精英高校，因此，如果入围者将一所不太知名的赞助高校作为首选，他们几乎可以确保自己被选为优秀奖学金获得者。为了防止入围者利用项目钻空子，赢得高校赞助的那些学生会被告知，如果他们改变了报考计划，不报考赞助学校，他们的奖学金将被撤销。

## 今天的优秀奖学金获得者

多年来，高校一直坚持招收非常聪明的学生。2013 年，在高校赞助优秀奖学金获得者项目启动 50 多年后，有 180 多所高校继续参与其中，平均每所高校赞助 23 名新的优秀奖学金获得者。目前有十几所参加该项目的高校各赞助了 100 多名奖学金获得者（美国国家优秀奖学金公司，2014）。与 20 世纪 60 年代的情况一样，在赞助商中鲜见精英高校，因为坊间的口碑可以一直让它们免费招收到一些优秀奖学金获得者。

然而，高校的赞助使得很难继续用大学录取的优秀生数目来衡量各高校在全国高校中的位次。许多排名相对靠后的院校可以通过赞助奖学金获得者的方式让自己更具有可选择性，且效果还很明显，而大多数排名靠前的院校却失去了好机会。例如，2013 年秋季，东南体育联盟的 14 所成员高校（SEC）——一个主要以高质量优秀足球队闻名的联盟——招收的优秀奖学金获得者（1046 名）甚至比 8 所常春藤高校招收的（1014 名）还要多。然而，东南体育联盟旗下各校所招收的优秀奖学金获得者中有80%是得到赞助的，而*没有一所*常春藤高校对优秀奖学金获得者予以赞助。

在大多数其他主要的体育联盟中，那些拒绝赞助优秀奖学金获得者的高校往往是在全国高校排名中靠前的学校。例如，在大十二联盟中，460名优秀奖学金获得者中有70%是获得赞助的，只有得克萨斯大学奥斯汀分校没有赞助优秀奖学金获得者。在太平洋十二校联盟中，806名优秀奖学金获得者中有将近一半得到了赞助，其中最负盛名的4所高校——斯坦福大学、加利福尼亚大学伯克利分校、加利福尼亚大学洛杉矶分校和华盛顿大学没有对优秀奖学金获得者予以赞助。

我们有充分的理由相信，"购买"优秀奖学金获得者确实可以提升高校在全国高校排名中的位次。研究表明，当一所大学改变了它在全国高校中的排名后，确实会对该校的申请库产生影响[博尔曼和巴斯泰德(Bowman & Bastredo),2009]。位于西海岸的一所大学每年赞助近200名优秀奖学金获得者，据《巴伦美国大学概况》[赫斯和霍赫莱特纳(Hess & Hochleitner),2012]统计，从2001年至2011年该校的位次上升了两个级别——从"有竞争力"的学校上升为"最具竞争力"的学校。

## 社区学院的困境

作为美国独特发明的社区学院在整个高等教育体系中处于何种状况？有一点是相当明确的：尽管美国有1000多所公立社区学院，但是在室内游戏的名单上你一所也不可能找到，你同样找不到任何一个愿意报考这些社区学院的优秀奖学金获得者。换句话说，即使有的话，也只有很少部分的人认为这类社区学院配得上被列入室内游戏“最好”或“质量最高”高校的名单。

为什么会出现这样的现象？鉴于加利福尼亚州率先发展社区学院，后来其社区学院体系的规模在全国最大，也许我们可以通过研究加利福尼亚州的历史来找到答案。1960 年，当加利福尼亚州立法机构制定本州的高等教育“总体规划”时，它就承认其高等教育体系包含 3 个“层次”：综合性大学、州立大学（后来成为加利福尼亚州立大学）和初级学院（后来成为加利福尼亚社区学院）（总体规划调查组，1960）。顺便说一句，后来美国的其他 49 个州都仿效了这种包含 3 个层次的高等教育等级制度。

加利福尼亚州建立了分级招生制度，只有该州排名前 8 的中学的毕业生才可以进入综合性大学学习，只有成绩在前三分之一的学生才可以进入州立大学，而*任一位毕业生*都可以进入初级学院学习。换而言之，这种招生制度很显然优先考虑最聪明的学生，他们有资格进入任意一所公立大学。只有最聪明的学生才能被综合性大学录取，而州立大学只能招收至少具有中等智力水平的学生。相比之下，初级学院什么样的学生都得收，包括那些“最不聪明”的学生。与前两个层级的高校一样，初级学院也有教师、教室、实验室和图书馆，但是最关键的是它们没有挑选学生的资格，这一现实注定它们只能是垫底的学校，至多也只能是一所平庸的学校。

总体规划调查组（1960）下面的一段话揭示了初级学院相对较低的地位和声誉：“初级学院减轻了……（综合性大学和州立大学）的负

担，是对高等教育体系的有力补充(第 66 页)。”加利福尼亚州正式将最不聪明的学生视为“负担”，并认为那些受人推崇的高校需要“减轻”这一负担。

在总体规划的《学生：高校质量问题》一节进一步揭示了对那些不怎么聪明的学生的看法。规划中是这样阐述的：

> 法律规定初级学院必须接收所有高中毕业生(在某些情况下，即便是那些没能顺利毕业的学生也可以进入初级学院)；因此，初级学院必须采用足够严格的学生留读标准来保证学校的质量，以确保纳税人的钱不会被浪费在那些没有学习能力或不想学习的人身上。(第 66 页)

很明显，录取最不聪明的学生——那些“缺乏学习能力”的学生——会给初级学院带来“质量问题”。相比之下，综合性大学就不存在这样的“问题”，因为在国家高等教育体系中，它们处于最具选择性的层级。因此，实际上，一所大学的“质量”等同于该校学生的聪明程度，这也正是当下商业排行榜背后的真正逻辑，它其实是那个室内游戏的翻版，只是在室内游戏中显示得更直白而已。

当然，初级学院的较低地位也因其名称中的*初级*而被强化。设立这类大学的初衷是为学生提供头两年的本科教育，初级学院之所以如此命名，表面上看是它们为学生提供了可以获得学士学位的低年级课程(即大一和大二课程)。因此，能把这些课程学好的初级学院的学生可以为转入四年制高校学习打好基础，进入四年制高校后，他们再完成最后两年高年级的学习便可以获得学士学位。然而，没有人愿意无限期地当“等级最低的人”，20世纪六七十年代，全国1000多所初级学院差不多全都决定将校名中的“初级”学院改为“社区”学院。

但这并不仅仅是校名的改变。在学校更名的同时，社区学院的发言人开始淡化这类学校的转学功能，转而强调在学校开展各类非学历活动，如职业教育、终端就业教育，以及各种形式的非学位、非学分教育。与四年制高校相比，社区学院服务于数目相对更大的“非传统”意义上的学生：成年人、兼职人员、在四年制高校中代表性不足的种族/族裔群体。

我们如果从高校等级秩序的角度来看这些变化，那么这些初级学院似乎无法从纵向层面提升自己的位次（这是徒劳的努力，鉴于它们被指定为“初级”的地位以及无法挑选生源的招生政策），而是选择“横向”发展，完全脱离了等级秩序的束缚。

如果你了解了当时社区学院领导的想法，你可能听到过以下一些内容：

> 我们拒绝被认定为“初级”学院，因为学士学位/转学教育不再是我们的主要业务，也因为我们不再关注18—22岁的人群，这些人是四年制高校的主要客户。事实上，我们现在从事的是与以前不同的业务，通过为那些没接受过四年制高校良好服务的“新”学生提供各种教育项目和机会的方式来服务我们的社区。简而言之，我们不再与四年制高校竞争，因为我们各自的业务不同。我们是*社区*学院。

几十年来，初级学院在履行其最初的帮助学生转入四年制高校学习这一职能方面所取得的成效微乎其微，主要是因为许多学生的学术储备严重不足，这大大减少了他们成功学完低年级课程，然后转到四年制高校，并获得学士学位的机会。因此，这些学生的辍学率往往很高，而转学率则很低。但这些学院还面临着其他一些挑战：它们缺乏住宿条件，有许多全日制学生，也有许多学生是兼职的。这三个因素都被证明会减少学生获得学士学位的机会，无论他们是从两年制院校开始还是从四年制高校开始，机会都很渺茫（帕斯卡雷拉和特伦兹尼，2005）。

如果说有什么不同的话，那就是这些学院从“初级”到“社区”的转型反而加剧了转学问题，因为许多两年制学院开始将更多注意力集中在那些不想转学的学生身上。在为所谓非传统意义上的学生服务之类花言巧语的迷惑下，存在一个大家都不愿意承认的现实：每年秋天，社区学院仍会继续招收 50 多万名“传统意义上”的新生，约占那些想获得学士学位的全日制新生的三分之一。简而言之，尽管存在完全不同的说法，但是社区学院在教育那些“传统意义上”的身处不同排名高校中的学生方面仍然发挥着重要的作用。因此，对于社区学院来说，脱离高校的排名体系，进行横向发展，其象征意义远大于现实意义。

## 高校的排名是否稳定可靠？

尽管目前用来对高校进行排名和评级的方法因评级体系不同而

存在差异，但是大多还是采用人们在玩室内游戏时所依赖的反映相同观念体系的那些方法。通常包括以下一些方法：

- *声誉评级*，根据“专家”认为的哪些是“最好的”大学的看法来评定
- *选择性*，根据高校所录取学生参加标准化考试的平均入学成绩/高中时的学分来评定（因此，具有高选择性的高校是那些“最聪明的学生”认为的“最好”的高校）
- *学生留读率*或*学位完成率*，用这种间接体现选择性的方法来评定，因为最聪明的学生被录取后通常会留在高校并顺利毕业

目前，世界各地有十几种不同的高等教育排名和评级体系。《美国新闻》公布的排名可能是美国使用最广泛的评级体系，它也可能是最复杂的——基于 18 种不同的衡量标准（当然上述的三个评定方法占大部分权重）。《美国新闻》还将综合性大学与专业学院分开排名，并将不同领域的研究生和专业课程分开来排名。鉴于大多数国家很少有独立的文理学院，国际上的大学评级体系主要关注综合性大学。然而，各种不同评级体系的排名结果呈现出显著的一致性。

例如，在《纽约时报》公布的 2013—2014 年“世界大学排名”中，美国高校在排名前 10 的高校中占 8 所——哈佛大学、耶鲁大学、普林斯顿大学、哥伦比亚大学、斯坦福大学、芝加哥大学、麻省理工学院和加州理工学院——位列《美国新闻》2014 年评出的世界前 10 名高校之列。剩下的 2 所美国排名前 10 的大学——加利福尼亚大学伯克利分校和加利福尼亚大学洛杉矶分校恰好是《美国新闻》公布的全球高校

中排名最靠前的公立大学。然而，与全球评级系统相比，《美国新闻》公布的排名明显偏向私立大学，因为加利福尼亚大学伯克利分校仅排名第22位，加利福尼亚大学洛杉矶分校仅排名第24位。相比之下，《纽约时报》分别将这两所高校排在第4位和第8位。

在另一个评级系统，即爱思唯尔2015年为《泰晤士高等教育》(THE)编制的知名度排名中，有着惊人的相似之处：美国2015年排名前10的高校中有8所（与之前列出的8所相同）也在《美国新闻》的10所排名最靠前的大学之列，剩下的2所也是加利福尼亚大学伯克利分校和加利福尼亚大学洛杉矶分校，分别排名第4位和第10位。[①]

另一个美国高校排名系统叫作“最佳大学”。它包含综合性大学和专业学院，但其排名结果与《美国新闻》排名的高度相似性再次令人震惊：“最佳大学”公布的排名前10的高校包括3所文理学院和7所综合性大学。其中5所综合性大学——哈佛大学、普林斯顿大学、耶鲁大学、斯坦福大学和麻省理工学院——也被《美国新闻》列入排名前10的高校。与此同时，“最佳大学”评出的排名前10的高校中的3所文理学院——威廉姆斯学院、阿默斯特学院和斯沃斯莫尔学院——也恰好是《美国新闻》公布的排名最靠前的3所文理学院。

长久以来，这些排名为何如此一致呢？（我们可以换一种方式来问：“我们对哪些是‘最好’高校的文化认知怎么会如此不可撼动呢？”）

---

① 顺便说一句，《泰晤士高等教育》中的高校排名为人们提供了衡量美国高等教育全球声望的指标。根据142个国家9784名经验丰富的学者（其中来自北美的不到20%）反馈，2015年的全球高校排名榜将这10所美国大学列入世界排名最靠前的13所高校，牛津大学、剑桥大学和东京大学是该精英院校群体中仅有的非美国大学。

在我20世纪60年代初首次开始研究这个问题时，还没有像上述讨论的那样的排名系统，但人们大致可以估计出一所大学被学生选择的程度。我当时是用能找到的1961—1963年3年的高校学生入学考试成绩数据来完成这项工作的。根据这个粗略测算，我们发现在20世纪60年代初10所最具选择性的大学中，半个多世纪后，有8所大学——哈佛大学、耶鲁大学、普林斯顿大学、哥伦比亚大学、斯坦福大学、芝加哥大学、麻省理工学院和加州理工学院——同样出现在2014年《美国新闻》公布的10所排名最靠前的大学之列。约翰·霍普金斯大学在1961—1963年排名第10，在2014年《美国新闻》公布的名单中排名第12。在1961—1963年排名第3的莱斯大学，在2014年排名第18。

文理学院是什么情况呢？1961—1963年，10所最具选择性的专业学院中有7所——威廉姆斯学院、阿默斯特学院、斯沃斯莫尔学院、明德学院、波莫纳学院、卡尔顿学院和韦尔斯利学院——也被列入2014年《美国新闻》评价最高的10所专业学院。哈弗福德学院在1961—1963年是排名第7的最具选择性的文理学院，2014年在《美国新闻》的名单中位居第11。哈维·穆德学院在1961—1963年是排名第5的最具选择性的学院，在2014年排名第16。

如果我们只关注选择性，即当今最聪明的学生更喜欢上哪所大学这一衡量标准，结果会怎么样呢？在2013年10所最具选择性的大学（新生学术能力评估测试平均成绩最高的大学）中，有8所——加州理工学院、哈佛大学、耶鲁大学、普林斯顿大学、芝加哥大学、麻省理工学院、哥伦比亚大学和斯坦福大学——在50年前也跻身于10所最具选择性的大学之列。在2013年10所最具选择性的文理学院中，有7所——哈维·穆德学院、斯沃斯莫尔学院、波莫纳学院、威廉姆斯学院、阿默斯特学院、卡尔顿学院和哈弗福德学院——也在50年前10所最具选择性的学院之列。显然，半个多世纪以来，聪明学生的择校偏好一直保持着高度一致。

这些发现清楚地表明，无论高校的排名是基于选择性等单一指标还是更复杂的评级体系，在各种排名榜单中位居前列的总是相同的那些高校。如今跻身最负盛名排行榜的高校与50多年前排名靠前的大学几乎相同。简而言之，基于这些发现可以得出三个结论：

1. 在过去的半个世纪里，美国大学的排名几乎没有变化。

2. 我们对高等教育“质量”的共同文化观念多年来呈现出显著的稳定性。

3. 美国最聪明学生的择校偏好继续表现出同样的观念。

## 结论

尽管美国有4000多所高校，但据信只有几十所——也许只占总数的1%或2%——是“卓越的”。在过去的半个世纪里，人们这方面的观念呈现出异乎寻常的稳定性，你只要让任何一小群相当聪明的局外人说出美国“最好”大学的名字，就可以轻而易举地了解这些观念。这些全民的共同观念对每年“招生乱象”起到了推波助澜的作用，在此期间，高中毕业生互相竞争，都希望能够进入其中一所精英高校（见第二章）。将这些大学联系在一起的共同点是，他们只想招收“最聪明”的学生，这些学生是高中时在班级里名列前茅、学术能力评估测试或美国大学入学考试成绩最高的学生。高中生对此心知肚明，所以对照这两项标准后，那些不符合“非常聪明”标准的学生极少费心申请精英院校。

另外约 100 所排名仅次于顶尖高校的学校也渴望能获得精英地位，这有助于解释为什么几乎所有院校在筛选申请人时都采用相同的标准——高中学分和考试成绩。即使我们将目光瞄向排名更靠后的一些院校，仍然会发现可能还有 700—800 所高校在选择申请人时使用高中学分和考试成绩这些相同的标准。剩下的 2800 所左右高校在高校排名中处于垫底位置，其中大多数是两年制学院，它们很少用考试成绩和高中学分来筛选申请人，因为它们必须接受大多数学生才能填满席位。其中一些排名最低的学院在护理和物理治疗等可以“产生影响”的领域开设广受欢迎的专业认证课程——这些课程的申请者比实际名额多——在这种情况下，这些学院通常会根据测试成绩和学分在申请者中进行挑选。

这些现实表明，通过了解学生的聪明程度，就可以相当准确地估计出一所高校的声望并感知它的“卓越”。高中学分的含金量因校而异，因此学术能力评估测试或美国大学入学考试成绩最终就成为衡量学生聪明程度的首选指标，因为它们已经被“标准化”了。

鉴于高校学生群体的平均聪明程度是美国高等教育优秀与否的主要标志，非常聪明的学生已经成为一种备受追捧的商品。最顶尖的精英高校理所当然地认为他们的申请者必定非常聪明，因此，大多数精英高校不必不遗余力地吸引聪明的学生，而且许多高校拒绝为任何申请者提供“择优”资助。然而，那些渴望能获得精英地位或希望在排名中有所提升的二线院校，会花费大量时间、精力和金钱来吸引聪明的学生。也许这一努力最明显的标志是，有180多所高校赞助了美国国家优秀奖学金获得者，这些高校中包括许多以高超的体育实力而非卓越的学术成就闻名的大型高校。在高校排名中垫底的2000所左右院校中，几乎没有一所愿意赞助优秀奖学金获得者，很可能是因为它们意识到自己成为精英高校或接近精英高校地位的可能性为零。

如果从*教育的*角度来看我们的高等教育体系，这种专注于招收聪明学生的做法没什么意义，因为这么做似乎更多将重点放在*获得*聪明学生上，而不是精心*教育*他们（见第三章）。因此，高校和公众通常根据*谁*被招进了学校而不是他们入学后*受教育*的情况来定义一所大学的*卓越程度*。类比于医疗保健领域，这就相当于根据诊所或医院所收治患者的状况而不是患者入院后所接受护理和治疗的有效性来判断诊所或医院的水平。

这种专注于*认定*和*获得*聪明学生而不是去好好教育他们的做法，明显体现在学校传统采用的评估和评价学生的方法上。高校领导更关注入学新生的考试成绩，而不太关注这些成绩在高校期间的提高程度。事实上，大多数高校甚至懒得在学生完成一段时间的课程学习后再考考他们，以检测他们在大学期间各方面提高了多少，甚至是否有所提高。当然，高校确实会给学生打学分，但学分并不一定能说明学生实际习得了多少或在各方面有多少进步。相反，它们只是将学生从最好到最差进行排名。这样的相对论信息可能对那些想招收“最好”或“最聪明”学生的雇主或研究生院有用，但这些学分并不能让高校知道学生在校期间学到了多少东西或学校教学实践活动的实际有效性如何。

当然,许多大四学生会参加研究生和专业学院的入学考试,或会计等专业领域的认证考试,但学生在进入大学时没有预测试,这些更高级别的考试在判断本科课程有效性方面用处不大。相反,这些考试成绩主要是为了方便雇主和有兴趣识别“最佳”学生的研究生院。

如果大多数精英高校继续根据学生*进入*高校时的聪明程度来定义*卓越*,而不是根据学生*在*高校*期间*的学习程度或学习效果来定义,那么高校的等级秩序就不太可能发生太大变化,我们的高等教育体系也不太可能充分发挥其潜力。

# 第二章

# 招生乱象

为什么有那么多学生如此拼命地努力学习，想被一所“最好”的大学录取？那些精英院校到底有什么样的魔力，能让学生、家长和升学顾问在学生申请大学的过程中投入如此多的时间、金钱和情感？

也许最显而易见的答案是，这些精英院校已经成为地位的象征。大学越有声望，地位就越高。如果你（或是你的孩子）被一所排名靠前的院校录取了，那么就可能给别人留下深刻的印象。学校的名字之所以能给人留下印象不是因为它象征着财富、权力、名誉或社会地位，而是因为这表明你很*聪明*。“如果你被某所大学录取，你一定相当聪明。”许多父母和祖父母会忍不住常常提及这些院校的名字，从而让他们的朋友和同事印象深刻。高中教师和升学顾问常会在不经意间说出录取他们学生的名校名称。一些中学，尤其是收费昂贵的私立学校或是招收来自中上层家庭学生的公立学校，通常会公布他们的毕业生将要就读的名校名单。

但是，大学的地位所带来的影响远远超出了进入名校给人带来的自我满足感。就像纯种赛马的祖先一样，授予你学位的大学的名称就像是伴随你余生的血统。研究生院、法学院、医学院和其他专业学院在决定录取哪一个申请人时，会非常关注他的本科“血统”。大多数雇主在决定是否雇用你时，都会考虑到同样的“血统”问题。事实上，由于比较看重你获得高级学术水平或专业学位的研究生院的声望，一些雇主只对少数精英院校的毕业生感兴趣，甚至不考虑从其他院校毕业的申请者。这一现象在法律、商业、工程等领域尤为突出。

当你受邀向一群受过大学教育的听众发表演讲时，如果主持人在介绍你个人情况的时候提及你毕业于哪所名校，你一点都不要感到惊讶。即使当你去世后，你母校的名字也可能会出现在你的讣告中。

大多数高中时成绩优异的学生都熟悉第一章中所描述的高校等级秩序，因此，他们每年都会展开激烈的角逐，以期被排名靠前的学校录取，在他们看来，能进入等级越高的院校就越好。顶尖的学生通常希望进入排名前 15 或前 20 的高校。考虑到精英院校通常会拒绝 70％—90％，甚至更多的申请者，这些顶尖的学生为了稳妥起见，向 10 所、15 所，甚至更多的院校递交申请并非罕见之举。

为了用更个性化的方式说明这种招生乱象，我可以举出许多最近发生的有关我的朋友或家庭成员的孩子申请大学的例子，但有一件事相当特别。我和妻子莉娜最近应邀参加了我们一个密友在家里举行的小型晚宴。我们刚准备进门，主人就兴奋地将我们拉了进去，让我们并排坐在为即将进行的演讲专门准备的两把椅子上。我和莉娜按主人的安排坐了下来，每人拿了一杯红酒。主人面朝我们站着，把一只手背在身后，他说道：“现在，请你们二位做个深呼吸。”当我们呼气时，我们的朋友迅速把背在身后的那只手伸到我们面前，挥舞着一封打印的信,那信纸看上去就很昂贵。我俩凑上前去仔细看那封信,那封信用的是哈佛大学的信笺。原来,他大女儿 2015 年秋季大学入学申请通过了。我们的朋友站在那里,满脸喜气洋洋。当我从他手里接过信仔细端详的时候,一不小心把红酒洒得到处都是。我深表歉意,并设法用餐巾纸擦拭酒渍,但酒渍好像要永久留在那封信上似的。我们的朋友友好地安慰我:“别担心,桑迪。我复印了好多份呢!”

## 新的语言

在过去 10 年左右的时间里,大学的招生乱象已经达到近乎狂热的程度,以至于出现了一个全新的词汇表。根据《普林斯顿评论》,*匹配学校*是指那些你的学历水平,包括你中学时的成绩,以及你参加学术能力评估测试或美国大学入学考试成绩,与那些同样被录取的学生平均水平相当的学校(《普林斯顿评论》,未注明日期)。如果你申请了几所匹配学校,那么你极有可能至少被其中一所学校录取。

如果你的学历水平低于一所大学所录取学生的平均水平,那么这所学校就被称作*达标学校*。鉴于被录取的机会较小,大多数学生并不仅仅向达标学校递交申请。如果你的学历水平*远远*低于某所大学所录取学生的水平,《普林斯顿评论》就会婉转地把这所大学定义为*梦想学校*。然而,当大多数精英院校审核申请者的资料时,它们发现很少有申请者认为自己是在“做梦”。换句话说,在申请大学的过程中,申请者有大量自我选择的机会,因此,大多数精英院校即便在申请者中随机挑选,最终依然可以组建一个有不少非常聪明学生的新生班级。

*安全学校*是指那些你比大多数被录取学生聪明，因而你被录取概率最大的学校。请注意，根据学生读中学时取得的学分以及参加标准化考试所取得成绩的绝对水平，一个学生的安全学校对于别的学生来说可能是匹配学校，甚至是达标学校。因此，为了搞清楚你所申请的学校到底是不是与你的学历水平相当的达标学校、匹配学校或是安全学校，你必须熟悉那些学校在整个高校等级排名中的位次。顶尖的学生往往倾心于排名最靠前的15或20所最负盛名的高校，而只有学历水平较高的(但不是最高的)学生更有可能申请那些低于最高排名的、位次在50—75名的一些高校。高校的位次等级排列呈金字塔形分布，因此，当你所申请学校的排名依次下降时，你可选择的机会将大幅增加。与此同时，你所选择学校的地位价值也会急剧下降。

如果我们退一步，问一问在申请大学的过程中到底发生了什么，就会发现似乎大多数“聪明”的学生——那些学历水平远高于平均水平的学生——都试图获得*愿意录取他们的最具选择性大学*的入场券。当然，其中还有其他一些考量——学校的规模、地理位置、提供的特殊项目、经济援助、来自他人的建议、参观校园后的感受——但是，因为新的说法(安全学校、匹配学校、达标学校)只关注对学校的选择，那么在整个申请学校的过程中，申请者自然会受到坊间所流传的高校的质量与卓越程度以及人们所公认的名校概念的驱使。正如第一章中所指出的那样，这种坊间传言基于教职员工视招收最聪明新生为要务的共同愿望，而且他们普遍认为考试成绩，尤其是标准化考试的成绩是衡量聪明与否的最佳标准。

近年来，大学的这种对挑选“最聪明”学生的痴迷推动了几个新业务的发展，其中之一便是私立大学的招生咨询业务。专业人员会为那些即将进入大学的学生提供一对一的服务，指导他们如何选择合适的大学、如何在入学考试中表现优秀、如何写出有说服力的申请、如何撰写令人印象深刻的文章，并最终顺利被录取。在美国，一个专业的私人顾问完成一单这样的业务会先收取 300 美元的一次性费用，另外每小时再额外收取 100—150 美元的咨询费。最近，许多精英院校的原招生官都纷纷从事起这个行当。这些专业人士对那些家境富裕的家长来说特别有吸引力，因为他们很可能私下里与其他精英院校的招生官是熟人。最受欢迎的咨询人员的收费标准从 5000 美元到 10000 多美元不等，这一点都不罕见。

## 考试成绩的影响力与日俱增

然而，受招生乱象推动的最广泛的新业务可能要算备考行业了。商业备考服务以往主要局限于书店出售模拟试题，但现在催生了一个蓬勃发展的行业，旨在提供各种各样的在线课程和个人备考课程。即便是管理学术能力评估测试的大学理事会和发布使用面最广的大学评级标准的《美国新闻》，现在也大量提供备考方案。学生可以通过学习在线课程或是接受个人辅导进行备考，费用通常在 1000 美元左右。普林斯顿评论有限公司开设的一门备考课程还附加退款保证，也就是说如果你的学术能力评估测试的综合成绩没有至少提高 200 分，培训机构将无理由退款。

实际上，我们现在的情况是，一旦将“聪明”的标准限定为标准化考试(学术能力评估测试或美国大学入学考试)的成绩，那么我们最好的精英院校想录取美国最聪明高中生申请者的可能性基本上会受限。聪明——考试成绩优异——也许不能成为你被录取的充分条件。如果你是非主流群体中的一员，或是一名校友的孩子，抑或是一名优秀的运动员，或者拥有某种特长，这也许会对你有所帮助——但对于大多数申请者来说，非常聪明肯定是他们认为会被录取的*必要*条件。请记住，不是招生办主任或其他工作人员自行决定用学术能力评估测试或美国大学入学考试成绩来定义*聪明*的，这是全体教师的决定，所以招生人员只是在执行全体教师的这一意愿。

鉴于考分和成绩都是数字化的东西，将之进行比对不会太费劲，而审核论文和推荐信则是比较费力的活儿。因此，如果一所许多人都想选择的高校收到大量入学申请，招生人员可以通过将中学学分和考试成绩低的申请者筛选掉的方式来减少工作量。这样，招生人员可以有精力更仔细地审核剩下的申请者的全部申请资料。有了如此严格的质量控制体系，很少有“不那么聪明”的学生能够浑水摸鱼。

为了应对关于过分强调考试成绩的批评，如今一些招生官往往会暗示标准化考试成绩并不那么重要，它们不一定是“决定性因素”，然而数据表明实际情况并非如此[克拉格特(Clagett)，2010]。在每一所发布相关数据的精英院校中，考试分数最高的申请者总比分数较低的申请者有更多的被录取机会，而那些分数最低的申请者几乎不可能被录取。一个典型的例子就是斯坦福大学，该大学 2014 年秋季只录取了 5%的申请者。然而，如果申请者在学术能力评估测试的写作测试中能得到800分，他或她被录取的概率差不多会三倍于5%（可达到14%）。反之，如果这个学生在这项测试中没考到600分，那么他或她被录取的概率会下降五分之四（仅为1%）。此外，考虑到斯坦福大学经常参加全美大学体育联盟第一分区甲组（NCAA Division IA）的比赛，还经常参加有全国知名足球队和篮球队参与的比赛，学校每年大约会录取20名左右在这项测试中考分低于600分的新生，他们通常是能够获得奖学金的运动员。

为什么精英高校的教师更愿意选择将考试成绩而不是高中学分作为衡量学生聪明与否的主要指标？其原因之一是对不同学校来说考试成绩更具可比性，而学分对不同学校来说并不意味着相同的概念，因为它们是相对的衡量标准，仅表明一个学生与同一所学校的其他学生具有可比性。也许，更倾向于用考试成绩而不用学分来衡量的最重要原因是过去40年来出现的严重的学分泛滥现象。回溯到20世纪60年代末，高中时平均成绩为C的新生就比成绩为A的要多。在如今（2014—2015年）的新生中，高中时平均成绩为A的远远多于平均成绩为C的，差不多达到18∶1[伊根（Eagan）等，2015]。因此，在过去的45年里，高中学生的成绩报告单中平均成绩为A的新生的数目三倍于从前（从17.7%增加到53.1%），因此高中生平均成绩为A已是常态。

这种学分泛滥现象的后果是，平均成绩得4分（等级A）相当常见，所以大多数精英高校的招生官无法简单地用平均学分绩点来区分申请者。因此，在2145名提交2014年秋季入学申请的申请者中，斯坦福大学接受了11名高中时平均学分绩点达到4分或高于4分的申请者。即便是斯坦福大学也会自动拒绝所有平均学分绩点低于 4 分的申请者，其申请库中有将近一半的人可能会因此被淘汰（斯坦福大学，未注明日期）。

平均学分绩点达到 4 分的学生显然很聪明，但是考试成绩对于精英院校来说更有用，因为在高校教师看来，这有助于他们区分*真正*聪明的学生和*一般*聪明的学生。因此，尽管在申请斯坦福大学的申请者中只有 9%的人在学术能力评估测试的写作测试中获得 800 分的好成绩，这些高分学生却占被录取申请者的 23%。

尽管大多数排名在 100 名左右的、不如那些精英院校的高校在录取学生时并不那么挑剔，但这些院校的教师仍然采用完全相同的筛选申请人的方法：参加标准化考试的成绩（适度考虑高中时的学分）被用来识别甄选那些最聪明的申请者。这些二线学院非常清楚，招收聪明的学生是保证学校学术声誉的最可靠途径，如果可能的话，这也是使学校排名上升的有效方法。换而言之，无论一所高校在等级秩序中处于什么位置，几乎所有的高校都在寻找同样的宝贝：聪明的学生。

因此，那些即将成为大学生的学生和他们的家长都明白这一点——无论他们高中时的学分和其他成绩所反映出的聪明度如何——如今大多数申请大学的学生都会非常努力，力争进入他们最想选择的大学，其中很多人在父母充足的经济支持下，再借助专业帮助，以提高自己的学术能力评估测试或美国大学入学考试成绩，尽可能达到自己的最高水平（帕克和贝克斯，2015）。许多学生为了能被心仪的大学录取，心甘情愿地投入相当多的时间和精力来获得竞争优势。

精英高校的实际学生录取统计数据表明，越来越多的大学申请者最终都会收到拒信。随着各种报纸杂志公布的“最好”大学排名榜单的激增，以及那些承诺能帮助申请者进入精英院校的业务越来越红火，痴迷于申请精英院校的人数持续增加，但是各高校每年招收新生的数目却是不变的。

## 压力倍增

由招生乱象带来的焦虑似乎正在对中学生的心理健康造成影响。在对2014年秋季入学的大学新生进行的一项全国性调查中发现，在过去的一年中经常感到抑郁的人数创下了历史新高，学生对情绪健康的自我评价降至新低（伊根等，2015）。

高中毕业生在申请大学的过程中，焦虑会自行加剧。随着越来越多的学生想进入精英院校，竞争便越来越激烈，然而学生被精英院校录取的概率却降低了。当顶尖高校拒绝了85%—95%的申请者时，大多数申请者最终都相当失望。许多人会不禁问自己：我到底输在哪一点上？我原本该做些什么不同的事情？我真的不够聪明吗？相反，他们的父母和老师可能会猛烈抨击那些高校，怎么能拒绝这样一个成绩优异、值得录取的学生。

这些被拒绝的学生大多积极主动、勤奋努力，而且非常聪明。在高中四年的学习生涯中，他们每个人都花了数千个小时努力学习，他们的平均学分绩点也不错，完全具备被精英院校录取的资格。他们中大多数人高中毕业时成了或差不多成了他们班上最拔尖的学生，他们中不少人为了提高标准化入学考试的成绩，额外努力学习了数百个小时。所有这些投入和努力都为了一个目标:被精英院校录取。但从一开始,大多数学生的胜算就不大,而随着高校招生乱象不断升级,感到失望、希望幻灭、压力倍增的学生的数目只会不断增加。

## 结论

如今,对如此多的高中生和家长产生巨大影响的大学招生乱象可以直接追溯到一种学术文化,这种文化认为一所大学的质量取决于学生的聪明程度。就是这种文化选择主要根据学生的标准化入学考试成绩来定义*聪明*,因此它助力催生了一系列商业企业,这些企业承诺可以帮助学生提高考试成绩。

鉴于目前最负盛名的一些院校会收到那些中学学分和考试成绩都很出色的学生的大量申请,它们发现越来越有必要通过像论文、参加课外活动的情况等标准从众多申请者中进行挑选。这些措施有助于拓宽*聪明*的界定范围,可以将创造力、领导力以及社会责任感等品质纳入界定范畴。但这样做也催生了越来越多的私人顾问和咨询师,他们承诺在收取一定的报酬后,愿意帮助高中生写出更有说服力的申请。然而,请一定要记住,高学分,尤其是好的考试成绩,依然是学生获得录取机会的唯一*必要*条件。如果你缺乏这一可以证明你很聪明的基本指标,那么你被精英院校录取的机会可以说是微乎其微。

从学生的角度来看,他们将这种招生乱象视作自己想要被最负盛名的高校或他们心仪的高校录取所必须面临的挑战。从高校的角度来看,它们将这种招生乱象归结为是为了完成招收最聪明新生这一光荣任务。

从更广泛的教育角度来看，产生这种支持招生乱象的学术文化的症结在于，高校越来越重视*获得*聪明的学生，而不是考虑在学生入学后*培养*他们的聪明才智。我们下一章将转而研究这一问题。

第三章

# 开发智力

## 高等教育的真正使命

我们可以想象一下一个没有高校的国家是什么样子。它可能不会有像教学生如何读写和计算之类的基础教育体系，因为这些国家没有地方可以培养教师。它不会有任何了解现代医学知识的医护人员，也不会有了解最新科学事实和理论的科学家，更不会有了解法律知识并能够维持司法系统运转的律师。它不会有任何心理学家、工程师、建筑师、会计师或社会工作者。与此同时，公民们对自己国家的历史、文化或地理方面的知识也不甚了解，对本国政府体系是如何运作的更是没有共识。

这种虚构的想象清楚地表明，高等教育的根本目的是教育人，使他们具备适当的知识、技能和其他个人素质，以确保他们能够在社会中发挥关键作用，成为负责任的公民。因此，任何一所高校的主要“业务”都是教育学生。

乍一看，美国的高校似乎有足够的能力可以做到这一点：它们有图书馆、实验室、教室、教学技术、学习场所，以及受过高等教育的教授，这些教授都是带薪任教的。配备了上述这些资源，高校可以利用各种教学方法来帮助学生学习：讲座、研讨会、课堂讨论、演示、视频教学、实验练习、测验和考试、指定阅读、书面作业、学习小组、独立研究等等。

同样，其他类型的组织也可以运用各种实体设施和技术来提高组织绩效：为了赢得比赛，棒球队使用举重室、击球笼、训练设施、教练指导、物理治疗和防守练习；为了实现利润最大化，企业使用原材料、制造工厂、广告宣传、员工培训、技术工人和销售人员。

## 评估什么?

任何组织的最终价值都体现在它所收集的与自己相关的*信息*中。一支棒球队虽然会监控其击球手的击球率和投手的平均得分，但最关注的还是整个球队的输赢记录。归根结底，输赢是衡量一个团队表现的最终标准。企业会记录其不同部门的支出情况以及从销售的商品或服务中获得的收入，但最终企业最关心的还是整个企业的利润。它赚到的钱比投入的钱多吗？如果没有这些信息，任何有责任感的企业都无法运作。

对任何教育机构来说学生的学习情况就是它的盈利点，所以人们可能会期望高校的教师定期收集那些可以反映学生在学些什么，以及他们在大学期间是如何成长和发展的这一类数据。人们希望教师不仅要收集这些数据，而且至少要像对待与学生或学校相关的任何其他信息一样予以重视。

但是，这些信息在哪里？教师对学生实际上在学习什么以及随着时间的推移学生会发生什么变化、会如何发展等情况真的很了解吗?

这并不意味着教师没有在收集学生的信息。只是他*们所收集到的信息并不太能反映学生的学习情况*。例如,在选择新生时,高校会收集大量数据,如学生的测试成绩、中学时的学分、撰写的论文和别人给他们写的推荐信。然而,高校收集这些信息的目的并不是监测他们的学习情况,而是确保自己只录取最聪明的申请者。

一旦学生入学后,教授们便会组织测验、考试和书面作业这些可以表明学生学会了什么以及他们的写作和推理能力如何之类的活动。然而,这些信息主要用于评定学生各科的学分,这些学分只是将学生归类于其相对应的智力水平层次。

当涉及学生实际上是否*学习*了以及*学习*了多少知识这些基本问题时,大多数高校都明显语焉不详。一些教授会反对这一说法,声称他们用课程学分和平均学分绩点来监控学生的学习情况。但是,正如我们已经指出的那样,课程学分并不一定能反映学生在这门课程中学到了什么;它只是将学生从最好(A 或 A+)到最差(D 或 F)进行排名。课程学分也许可以反映学生掌握了哪些知识,却几乎无法告诉我们学生是如何以及何时掌握这些知识的。

课程学分和平均学分绩点实际上有三个作用:(1)为给学生授予课程学分、学位和荣誉提供依据;(2)借以认定那些表现不佳的学生,看是要给他们一些帮助还是开除他们;(3)帮助那些研究生院和专业学校以及潜在雇主筛选最聪明的毕业生。换句话说,课程学分和平均学分绩点并不一定能说明学生进入高校后学习了什么或是学习了多少。请注意,雇主和研究生院主要关注的是能够确认哪些是最聪明或成绩最好的求职者或申请人；至于本科院校在其中的贡献度，人们并不太感兴趣。

有代表性的课程学分可以反映学生对某些特定学科知识以及书面表达或批判性思维技能的掌握情况。鉴于大多数学生在学习这一课程之前就已经知道一些相关知识，并且他们中的大多数人已经掌握了这一课程旨在培养的一些技能，因此在此课程结束时，学生能取得好成绩并不一定表明学生从这门课程中学到了什么。同样，成绩平平的学生可能通过选修这门课程学到很多知识。这一切都取决于每个学生从哪里开始，即看他或她在刚刚选修这门课程时的知识和技能水平。当然，问题是大学教授通常不会在课程刚开始时给学生做预测试，看他们已经了解了多少知识，或者他们已经掌握了多少相关技能。

教授们也可能会辩称，学生的学习情况反映在大学高年级学生的研究生或是专业学校入学标准化考试的分数上。然而，学生仅是在这些考试中取得好成绩，并不意味着本科院校可以揽下全部的功劳。

例如，我们可以想想那些能进入加州理工学院或麻省理工学院学习的新生。假设我们能让他们处于深度冻结状态或休眠状态 4 年，然后唤醒他们，让他们参加美国研究生入学考试（GRE），他们依然能够取得优异成绩，即使他们这 4 年没有上过一门大学课程，没有进行过任何形式的学习，也没有学过任何东西。事实上，我们可以在这些新生入学的那一天让他们参加美国研究生入学考试，他们还是会取得很高的分数。显然，在这两种情况下，录取他们的高校都没有理由因为他们能在美国研究生入学考试中获得高分而居功。

这里要记住的一点是，无论是课程学分还是大学毕业时的研究生入学考试，本身都不能向我们证明高校的教学多有效，或者学生通过高校课程学到了什么。简而言之，当涉及教和学的时候，高校教师通常使用的评估方法能提供给我们的——关于他们的信息——微乎其微。

想象一下，如果美国企业试图在没有销售和支出信息的情况下运营，会出现什么样的局面。它们根本无法确定能否盈利。学术界的"盈利点"是学生的学习成果，因此，一位外星访客可能会非常困惑地看待高校教师用来评估学生的程序：

> 我想知道他们为什么把这些地方称为*教育*机构，因为他们的评估程序只是对学生进行*比较*。首先，他们确定每个申请人的相对聪明程度，以便挑选出最聪明的人（录取他们），然后在接下来的 4 年里，他们会定期评估所录取的这些学生的聪明程度（为其评分）。但这些评估几乎一点都不能反映学生在高校的真正学习情况！

换句话说，高校教师所采用的传统评估实践表明，他们更看重的是学生*原本*聪明与否，而不是想着如何去*开发*他们的智力。他们用录取通知书和奖学金奖励最聪明的申请者，并用荣誉课程、院长嘉许名单和优秀毕业生嘉奖等荣誉奖励他们招收进来的最聪明的学生。一直以来，他们似乎对评估学生时不必充分了解他们学习过程中的信息这种做法感到满意。

那种用来评估学生学习情况所需的信息要求在一段时间内*反复*

观察单个学生的学习表现。要注意进行这样的比较：为了评定学生的学分，教授只需要在某一时间点将某个学生的学习情况与其他学生进行*相互*比较，而为了评估正在进行的学习情况，教授则需要将单个学生此阶段的学习情况与*他们自己*不同时期的学习情况进行比较。

如果一门课程设有期末考试，理论上来说，所谓的期中考试，可以用来评估学生在课程前半段的学习和进步情况，而期中考试却很少被用来作为评估手段。此外，如果没有在课程开始时进行预测试，那么用期中考试来评估学生在课程前半段的学习情况没有什么价值。

## 看看艺术领域的情况

为了公平起见，我们应该承认，在少数几个学科领域，教授提供的关于学生学习情况的信息比一些代表性课程的学分更有价值。例如，在美术和表演艺术领域，教授们往往非常了解他们的学生，能够判断出他们当前的学习或进步情况。在其他课程领域，一些敬业的教授也相当了解他们的学生，足以判断他们的进步情况，但除非班级规模很小，否则高校通常不会采用这种个性化的评估方法。

目前，那些依赖传统课程学分评估学生学习情况的高校教授可以通过观察美术和表演艺术课程领域的情况来充分了解如何提高对学生学习情况进行评估的水平。我们假设现在有一个现代舞入门课程。为了简化起见，假设该课程在一个配有把杆、镜子和硬木地板的大房间里进行。在第一堂课上，老师可能会要求学生们做一些入门级的姿势和动作。通过观察每个学生最初如何完成这些姿势和动作，老师实际上是在对这些学生进行预测试评估。这些预评估不仅可以为日后评估学生后续改进(学习)情况确立基准,还可以为教师对每个学生的具体指导和建议提供关键性信息。

在美术和表演艺术教学中,人们理所当然地认为,主要关注的应是学生的成长和进步,而不是简单地判定谁是"最好的"学生,谁是"最差的"学生。当然,确实可以通过举办一些音乐和艺术比赛,选出并表彰一些最优秀的表演者,但这些课程主要关注的还是所有学生的学习和进步情况。评估程序也反映了这些课程的重点——教师更感兴趣的是每个学生的进步情况,而不仅仅是将学生们进行对比。此外,指引教师教学的这些评估信息对学生也有直接价值,因为舞者可以在镜子里观察自己的动作和姿势,艺术家可以观察自己的绘画或雕塑的形成过程,音乐家可以听自己演奏的声音。

简而言之,对美术和表演艺术进行评估通常是专为*强化*学生个体的学习过程,因为它们既是对教师教学情况也是对学生学习情况的*反馈*。如果需要,同样的评估结果可以(并且经常)用作学生最终的课程学分,但这不是他们的主要目的。相比之下,由传统课程成绩提供的"反馈"是非特定的——"你做得很好"(学分等级为 A)、"你做得很差"(学分等级为 D)——因此,学分在帮助学生提高成绩方面的作用很有限。

这一讨论表明,教育评估有两种截然不同的用途:(1)对不同学习者的学习表现进行排名、评分、比较和判断;(2)*强化学习过程*。不幸的是,目前大多数关于高等教育需要更好"成效评估"的公众讨论都走入了误区,因为评估主要被视为一种判断——"这所大学做得好不好?”的手段——而不是一种提高学生学习能力的方法。目前,推行这种判断性评估的根本原因可以用*问责制*一词来概括。要求高校进行教学成效评估可能会使高校对支持它们的公众更加“负责”;或者对私立大学来说,对那些支付高昂学费的人更加“负责”。然而不幸的现实是,这些教学成效评估通常只在课程结束时或在学生完成高校的教育课程后才进行,由于没有预测试,因此无法判断学生的实际学习情况。显然,在这种评估体系下,保证高校“看起来不错”的最可靠方法就是不录取没什么学术储备的学生(见第四章)。

这种评判人才而不是培养人才的倾向也体现在教授们彼此相处的方式上。对求职者进行详细评估,以确定哪些是最聪明的人,并对同事进行类似评估,以判断他们是否够聪明,是否值得晋升或终身任职;然而,对于这些同事的才能是否真的有所*提高*这一点,他们的关注相对较少。

## 医学类比法

为了更好地理解*开发*学生智力的重要性,而不是仅仅*挑选出*聪明的学生或在他们入学后*识别*和*认定*哪些是最聪明的学生,运用医学领域的例子来进行类比可能会有所帮助。高等教育机构和医疗机构——医院和诊所——有一些共同的重要特征:两者都是为客户(学生或患者)服务的。我们所说的*服务*,是指客户来到高校或医院接受旨在*改善*客户*状况*的某些服务(教育或治疗)。就医院而言,患者希望医院通过各种护理、药物和疗法来改善他们的健康状况。就高校而言，学生希望通过课程学习、课外活动、与教授和同学的互动以及高校提供的其他服务来增长自己的知识和技能。这两种情况的基本理念都是，*通过机构提供的服务，客户的状况会发生积极变化*。

现在想象一下，如果医院像高校一样运作，会发生什么情况。那些拥有最好设备和设施，拥有训练有素、能力最强工作人员和最新治疗手段的顶级医院只会收治那些健康状况较好的病人，而拒绝收治病情最严重的病人！如此一来，病情最重的患者将被迫在条件最差的医院寻求治疗，或者可能会被所有医院拒收。

简而言之，如果医院像高校一样运作，最好的医院会拒绝收治病情最重的病人，只收治那些最不需要治疗的病人！当被要求给个说法时，排名靠前的医院会辩称，这种选择性收治入院病人的政策是学习那些高校确保其毕业生具有最高质量（对医院来说即最佳健康状况）的最可靠方法。

## 一种新的高校等级秩序？

我在第一章中提到，美国高校目前的等级秩序基于两个因素：过去半个世纪以来一直呈现出的具有显著一致性的高校*声誉*，以及高校的*资源*，其中最重要的是具有*选择性*，即入学学生的整体智力水平。其他资源可能包括金钱、设施和有智慧的教师，但聪明的学生是最重要的资源。请注意这两个因素的相互促进特征：拥有卓越的声誉有助于学校吸引聪明的学生和教师，并筹集资金，拥有大量聪明的学生及其他资源可以提升学校的声誉。

如果我们转而采用一种基于*教育效果*的提高高校质量或让高校卓越的评价方法，即让高校充分开发学生的才能，那会怎样呢？与其将我们对高校质量的评估建立在高校声誉或招收聪明学生方面，不如将“优秀”高校视为那些可以让学生的知识和技能“增加最大价值”的高校。对这种修订后的激励制度可能带来的一些后果进行思考将会让我们有所启发：

- 对高校的评判基于它们对学生智力的*贡献*程度，而不仅仅是它们*吸引*聪明学生的能力。
- 对评估方法进行修订，以更好地反映学生的实际学习情况。
- 在高校招聘教师和决定他们能否晋升时，教学效果将占更大权重。
- 高等教育体系中“质量上乘”高校或“卓越”高校的数量将不再受到零和排名制度的人为限制，因为一所高校在培养学生才能方面获得的成功绝不会限制其他高校的发展。从理论上来讲，在这种体系下，所有高校都可以“卓越”。
- 学业准备不充分的学生不再被视为负担。
- 高校的价值观将从单纯的*占有*（获得更多聪明的学生、有智慧的教师和金钱）和*自我拔高*（提升高校的声誉）转向更强烈的责任感，为促进个人发展和谋求更大的社会福祉作出贡献。

第四章

# 教育公平面临的挑战

近来公平已成为高等教育领域一个备受关注的话题。美国对公平的兴趣并非源于宪法，而是来自《独立宣言》，该宣言明确指出“人生而平等”。1788 年生效的美国宪法将奴隶制合法化，直到 1865 年第十三条修正案通过后才得到纠正。不久之后，平等的概念在 1868 年得到了进一步推动，当时第十四条修正案保证公民“受到法律的平等保护”。

内战结束后，南方各州试图通过为黑人建立“与白人隔离但平等”的大学来延续高等教育中的种族隔离制度。直到 1954 年，美国最高法院才宣布这种黑人与白人分开的、种族隔离的学校本质上是不平等的，从而在法律层面终结了这种隔离。

近年来，通过使用“机会平等”和高等教育领域的“入学机会均等”等说法，平等概念得到了完善。如今，大多数学者和教育政策制定者都认同我们的公民应该享有高等教育机构的“平等入学权”。

即便如此，第一章中所描述的高校等级秩序清楚地表明，美国 4000 多所高校所提供的多样化“机会”并不平等，第二章中所描述的招生政策保证各校所获得的“最佳”机会也绝不是平等的。入学机会平等在美国高等教育中成为问题的主要原因之一是，与占多数的白人相比，非裔美国人在大学录取竞争中处于劣势。当然，这一劣势源于这样一个事实，即黑人在中学时获得的学分和参加标准化考试所取得的成绩不如白人，几乎所有高校都用这两项指标来挑选“最聪明”的申请者。其他代表性不足的种族/族裔群体，如拉丁裔和美洲原住民也存在同样的劣势，尽管程度上要轻一些。

大多数精英高校都试图通过反歧视行动来弥补这些不平等，即高校在挑选入学新生时将来自代表性不足种族群体的申请者与白人和亚洲人分开选拔。反歧视行动使得那些精英高校增加来自代表性不足群体学生的录取人数，但该政策远未消除不平等现象。问题在于，大多数高校在选择申请者时仍然严重依赖学生中学时的学分，尤其是标准化考试的成绩。有前瞻性的学生知道这一点，所以很少有考试成绩或学分低于平均水平的学生会费心申请这些精英高校。

我国与种族问题相关的强烈情绪使我们忽视了这样一个事实，就是那些择优录取政策和高校的等级秩序引发了许多其他方面的不平等。特别是，贫困学生和第一代大学生（即他们是家庭中第一个上大学的人）对大多数精英高校来说人数严重不足，主要是因为他们的平均学分和考试成绩，就像他们的种族群体代表性不足一样，低于一般学生。当然，许多黑人、拉丁裔和美洲原住民学生来自低收入家庭或者父母从未上过大学。

## 公共部门的“公平”

有人可能会说，私立大学是由私人主导的，它们没有任何责任来纠正高等教育体系或社会体系中的种族或经济不平等现象。我并不赞同这种观点，但由公共资金支持的公共机构作为政府部门，确实有更明确的责任为公众服务。它们必须服务*全体*公民。此外，由于公立高校必须接收全美目前 80%以上的大学生，因此它们在决定我们高等教育体系公平程度方面发挥着重要作用(如果包括就读于营利性高校的学生，这个数字接近 72%)(美国国家教育统计中心，2015)。基于这些原因，让我们来想一想公立高等教育在延续我们社会长期存在的不平等现象中起着怎样的作用。

当我们玩第一章中描述的室内游戏时，会发现大多数被称作精英高校的学校都是私立的，只有少数几所公立大学可能被提及，例如加利福尼亚大学伯克利分校、加利福尼亚大学洛杉矶分校、密歇根大学。然而，如果我们顺着高校排行榜将视线向下扫视一番，看看排名略低于前 20 或前 25 名的高校，我们会发现还有更多的公立大学，比如威斯康星大学麦迪逊分校、华盛顿大学、北卡罗来纳大学教堂山分校、得克萨斯大学奥斯汀分校、弗吉尼亚大学、伊利诺伊大学和明尼苏达大学。如果顺着排名再向下看，我们会发现更多的州立“旗舰”大学。虽然*旗舰*一词没有精确的定义，但它通常指的是一个州内最负盛名的公立大学。

我们甚至可以用这样一个术语来揭示美国公立高等教育的重要

真相，即几乎每个州都有自己的公立大学等级体系，旗舰大学是该州最负盛名、资金最充足、最注重研究、最具选择性的大学。私立大学的等级秩序或多或少是由历史沿革发展而来的，但*这些公立大学的等级秩序是借助公共政策而确立的*。与州内其他的公立大学相比，旗舰大学通常拥有更好的设施、更多资金、薪水更高的教职人员以及更多的宿舍区和便利设施，而位于州排名中垫底的那些社区学院通常学校设施最差，每名学生获得的教学经费最少，住宿条件和设施也最少（如果有的话）。

在第一章中描述的加利福尼亚州的高校三级教育体系是许多其他州纷纷仿效的对象，这个体系被描述为一个非常“民主”或可“开放入学”的体系，因为它旨在涵盖几乎所有想接受大学教育的公民。然而，该系统的内部结构绝不是开放的，因为该州85%以上的高中毕业生不可能进入加利福尼亚州位于最高层级的综合性大学，其中整整三分之二的毕业生无缘进入该州的综合性大学和州立大学这两个层级的高校。这种不平等现象对种族和社会阶层的影响是显而易见的：在那些被拒绝进入这两个层级高校的人中，能到这两个层级高校读书的黑人、拉丁裔、美洲原住民、贫困生和第一代大学生的比例与其人数不成比例。我们可以引用一所大型公立大学教育学院院长最近所说的一句话：“如果你很富有，或者你是白人或亚裔美国人，你比穷人、黑人或西班牙裔更有可能进入一所精英四年制大学（胡佛，2015，第A24页）[①]。”

就像你在玩室内游戏时发现的全国高校的等级秩序一样，加利福

① 在原标注中页码前有字母A。

尼亚州和大多数其他州的高等教育体系基本上都是围绕学生的智力水平构建的：最负盛名的旗舰大学只录取最聪明的高中毕业生，名声略次的大学要求他们的学生至少有中等智力水平，而社区学院差不多要录取所有申请者。一个旁观者都能得出这样的结论：这些“分流”体系的设定可以确保每个层级的高校能够招收到智力水平适配它们层级的学生。然而，在真正的分流体系中，学生们将被分配到适合他们能力的轨道，而不能自行选择其他轨道。但这些州的教育制度允许最聪明的学生选择进入*任何*一所公立大学，而那些最不聪明的学生只能进入社区学院。换而言之，我们的州立高等教育系统并不是真正的分流体系，而是*特权*体系，最聪明的学生有权根据自己的选择就读任何一所大学。相比之下，对于最不聪明的学生来说，向他们开放的只有社区学院。

的确，进入社区学院学习的高中毕业生最终也可以有机会进入旗舰大学或其他四年制的州立大学学习，前提是他们必须在社区学院修满一定学时，并在足量的课程中取得好成绩。但这不是一件容易的事，尤其是对高考目标只是上不太出名高校的中学生来说，他们可能没有养成很好的学习习惯，基本的学术技能也远远不够。本质上来说，州政府只希望这些学生在一所教育资源比他们希望转学过去的四年制高校少的学校完成大学课程。难怪美国社区学院学生的转学率如此之低，而辍学率却如此之高。

另一方面，许多聪明的学生会充分利用大多数公共教育体系提供给他们的自由选择机会。为了说明那些准备充分的学生即便进了社区学院，也会有大量的机会，就让我来分享一下与我的两个孙女有关的个例吧。我的小孙女大部分时间都在家学习,14 岁时她意识到,为了备考大学,她需要了解传统的学习经历,比如上课和考试。因此,她开始在当地的一所社区学院上课,到 18 岁时,她获得了足够多的学分,东北部的一所精英私立大学录取了她,她作为大三学生入校学习。

我大孙女的高中学分和考试成绩不错,完全可以上加利福尼亚州大学,但她选择上了东海岸的一所精英私立大学。上完大一后,她决定回到洛杉矶,到加利福尼亚大学洛杉矶分校上学,但发现自己缺少所有转学学生所需的一些大学学分。于是,她报名上了当地的一所社区学院,以获得所需的学分,后来她被加利福尼亚大学洛杉矶分校录取为大三学生。

简而言之,我们公立高等教育体系之所以存在根本的不平等现象,是因为我们为了录取到最聪明的学生专门设计了这些体系。与成绩不太好的学生不同,每个州成绩拔尖的高中毕业生都可以被该州几乎任何一所公立大学录取。如果这些拔尖的学生更想上私立大学,他们也有更广泛的选择,因为对于私立大学来说他们也是好的录取候选人,即使是对那些最好的精英高校和最具选择性的私立大学来说也是一样。鉴于拔尖高中毕业生的父母往往比普通学生的父母接受过更好的教育,也更富有,因此那些成绩优异的学生更有能力负担得起更高的大学费用,并可以借助商业咨询和备考服务来提高自己在高校招生官眼中的吸引力。

在像加利福尼亚州这样的教育体系中,固有的不平等是显而易见的。位于州排名顶端的最具选择性的公立大学通常比该州其他公立大学拥有更好的实体设施和更高的经费投入水平(阿斯汀,1985),但也许它们可以为学生提供的最具优势的条件是它们可以给学生提供住宿体验。大量针对大学生的研究表明，大多数 18 岁时住过校的新生都会对他们的大学经历感受颇深。与走读生相比，住校生不仅有更多的机会与同学和老师互动，而且可以体验校园生活的点点滴滴（帕斯卡雷拉和特伦兹尼，1991，2005）。

旗舰大学通常可以为大多数新生提供住宿，而排名在州里垫底的典型社区学院则不具备住宿条件。排名在州里位于中间位次的其他四年制高校和州立大学通常可以为相当一部分新生提供住宿，但比旗舰大学要少。

公立大学的这种安排传递了一个明确的信号："*在高等教育阶段，州政府最重视的是对最聪明学生的教育，最不重视的是对最不聪明学生的教育*"。如果读者觉得我言过其实，不妨回想一下我们在第一章中引用的加利福尼亚州高等教育总体规划："初级学院"通过做一些补救工作来减轻……（综合性大学和州立大学的）*负担*……初级学院必须……保证纳税人的钱不会被浪费在缺乏学习能力的人身上……无法在学业上取得成功的人身上（总体规划调查组，1960，第 66 页，强调部分由作者补充）。"

## 补习教育

鉴于一些公立大学，特别是社区学院，不得不录取一些准备不充分的学生，教育这些学生最常用的方法通常被称为*补习教育*。据估计，全国五分之二的大学生在大学期间至少要参加一门补习课程；在来自代表性不足的种族/族裔群体的学生中，这一比例要超过五分之三[阿德尔曼(Adelman)，2004]。

*补习生*和*补习教育*本质上是极具负面内涵的社会建构概念。正如在医学中，人们会通过“药品”来治愈疾病一样，在教育领域，我们也暗示那些需要“补习”的学生一定有“问题”。当然，错误的做法是，只是根据某种随意的考试或平均学分绩点量表就断定这些学生不够聪明。

补习教育这一概念至少存在以下几个方面的问题。首先是绝对化术语的使用——你要么是补习生，要么不是补习生——用以描述一个相对的和随意的现象。大多数补习生只是那些在某种规范性衡量标准中——标准化考试、高中学分等方面得分较低的人。但是，这种界限的划分完全是随意的，因此所谓低分在不同情境下的可变性相当大。其次，也许是最重要的，几乎没有证据支持以下论点：补习生不具备学习能力，他们的学习风格与其他学生明显不同，他们需要一些截然不同的教学方法，或者他们需要与其他学生分开学习。

许多年前，我参与过一项最早开展的高校补习教育研究。当时是1970年，纽约市立大学(CUNY)新生录取政策由选拔性录取改为开放性招生，根据该政策，该市许多在高中阶段“准备不充分”的毕业生被允许就读于该大学的15所学院之一[罗斯曼(Rossmann)等，1975]。经过研究，我们得出两个重要发现：(1)许多所谓通过开放性政策招收入校的学生——那些由于高中时平均学分绩点低，在早些年会被取消录取资格的学生——如果他们上大学时所学课程融入常规教学①，而

① *融入常规教学*是指学生在常规班级学习，而非在单独的补习班接受辅导。

不是专门学习为他们单独准备的补习课程，他们会学得好得多；(2)在融入常规教学的第一年，这些学生能够将自己的阅读水平和数学技能提高到与他们那些高中毕业时测试成绩良好，可以被正常录取的同学差不多的水平。后一个发现清楚地表明，如果有机会，许多补习生完全有能力完成大学学业。他们只需要额外投入些时间，再加上得到一些辅导和学术咨询等方面的辅助服务。

对这些学生进行的一项长达十余年的长期跟踪调查表明，许多通过开放性政策招收入校的学生能够完成大学学业，甚至可以获得研究生学位[拉文和海勒加德(Lavin & Hyllegard)，1996]。

尽管这些发现可以给人们带来希望，但开放性招生政策仍然是一个颇具争议的话题。反对者声称，由于采取了开放性招生政策，纽约市立大学的学术标准有所下降，而且由于该校大量通过开放性招生政策招收入校的学生未能完成大学学业，造成了“半杯空”现象(而不是开放性招生政策支持者所声称的“半杯满”现象)[阿伦森(Arenson)，1996]。纽约市立大学随后试图取消开放性招生政策，理由是该市无力支持该政策[福利韦德(Fullinwider)，1997]。

此处，我们面临一个根本性的两难困境，这不仅关乎补习教育问题，也关乎教育公平这一更广泛的问题：杯子是半满的还是半空的？(阿伦森，1996)。我们知道，大量补习生可以在大学取得成功，但我们也知道，这些学生的辍学率和挂科率将高于那些聪明的学生。这是否意味着我们就要理所当然地加大对这些学生的教育投入，还是意味着我们在这么多“失败者”身上“浪费”了有限的教育资源(阿伦森，1996)？

值得注意的是，取消开放性招生政策的主要压力来自市立大学的教师，尤其是四年制学院的教师[帕克和理查森(Park & Richardson)，2005]。这些学院的许多教师认为，学校招收准备不充分的学生会危及学校的学术水平，因此他们建议的解决方案是不再开设补习课程。这样，需要补习的学生将不得不进入两年制学院。实际上，这种"解决方案"在市立大学内部形成了一个类似加利福尼亚州的高校等级体系，在这个体系中，不太聪明的学生都会被分流到社区学院[帕克和理查森，2005]。

对补习课程所持的负面态度也体现在课程"学分"的授予方式上。在许多公立高校，即使学生成功学完补习课程，毕业时也不一定会获得"学分"。从获得学位的角度看，就好像这个学生从未上过这门课程①一样！这里传递的信息很明确：*教师不重视在学习方面智力水平处于"低级"层次的学生！*

在这方面，澄清一下一些学术用语的含义很重要。像达到平均水平和低于平均水平这类不精确的术语，其含义显然会因具体情境变化而有所不同。我用学术能力评估测试分数来大致解释一下我是如何运用这些术语的，一个达到平均水平的大学生的学术能力评估测试分数通常在1300到1700之间。参加高考的学生能考出这样成绩的大

---

① 为了维护这一政策，高校教师可能会辩称，由于补习课程不是"大学水平的"课程，因此不必给学生授予学分。然而，可以用一种非常简单的"记账"方法来解决这个问题。可以将所有学生毕业时所需的学分总量稍微增加，为任何有需要的补习课程腾出"空间"，这些额外的学分可以在录取时加给那些不需要上补习课程的学生。这种政策原则上与向顺利完成荣誉课程或通过预修课程考试的新生授予大学学分的做法是一致的。

约有50%。低于平均水平(也经常用“学业准备不充分”一词)的学生的分数通常低于1300分,大约占考生的四分之一(维基百科,未注明日期)。当然,这些只是粗略的估计。

为什么高校教授如此重视聪明的学生,而不是那些学习成绩仅能达到平均水平或低于平均水平的学生?首先,聪明的学生更容易教。他们通常在上课前就知道很多课程内容,往往有良好的阅读习惯和学习技能,而且他们可能比普通的学生更有学习动力。换句话说,从教授的角度来看,教聪明的学生花的精力要更少,而且可能更有趣。高校教授更容易认同那些聪明的学生,他们认为聪明的学生更像自己。聪明的学生也更有可能顺利完成大学学业,然后进入研究生院(就像他们的教授一样),并能成功地从事高薪职业,将来也能为母校作更大的贡献。

从一个更微妙的层面来看,校园和课堂里有很多聪明的学生可以满足一些教授的自我认同和地位需求:“如果我们的学生都这么聪明了,那么*我们*肯定也很聪明。”正如一所顶尖技术学院的一位高级管理人员最近所说:“新生的平均考试成绩是教授们引以为豪的资本(胡佛,2015,第A23页)①。”

## “预测”论点

大多数高校的教师都清楚,他们最喜欢用来衡量学生聪明程度的

① 在原标注中页码前有字母A。

指标——高中学分和考试成绩——让那些来自代表性不足群体的申请者在竞争中处于劣势。但如果你敢质疑他们为何继续沿用这些标准来挑选学生，教师可能会辩称这些标准可以“预测”学生在大学成功与否。从本质上来看，他们所说的是，与达到平均水平或低于平均水平的申请者相比，最聪明的申请者——那些中学学分和考试成绩最高的人——往往可以在大学里取得更好的成绩，事实也确实如此。暂时忘记那些远不够完美的“预测”——一些聪明的学生不会取得好成绩，一些不那么聪明的学生会取得好成绩——这种预测论点存在一个更根本的问题：*它在很大程度上与大学的教育使命无关*。

为了弄明白为什么会这样，让我们再次运用医学领域的事例作类比。假设医院运用预测论证来决定收治哪些患者，那么患有最严重、危及生命疾病的病人往往会被拒绝，因为他们的病情“预测”起来会比得伤寒或流感的患者要严重得多。这是否意味着病情最严重的患者会被最好的医院拒绝？简而言之，正如一位重症患者预后结果不佳不应该成为医院拒绝治疗该患者的正当理由一样，一个不那么聪明的学生相对较差的教育“预后”也不应该成为高校拒绝教育该学生的正当理由。

一个更恰当的类比来自纯种赛马领域。如今，大多数高校的运作方式就像赛马场或赌场体育博彩部中的赔率测算师或赌徒一般：他们忙于*预测*，试图通过识别最有可能成功的马来挑选获胜者。然而，如果一所高校要认真履行*教育*学生的职责，学校的教授就必须更像驯马师或骑师那样——让“马”跑得更快更好。经济学家对此有一个术语：*增值*，即高校的主要目标是让学生“增值”，积极促进学生的学习和发展，并最大限度地为他们创造机会，让他们成为高效的、敬业的和负责任的公民和家长。

如果将大学视作企业，将学生视作前来应聘的求职者，那么预测论点便言之有理：企业对应聘者进行测试，正是因为测试能预判谁将成为最佳员工。企业希望只挑选那些日后表现良好的求职者，因为它们希望代表企业开发每个员工的才能。企业的使命不是为员工提供服务，而是充分*利用*员工的才能，让他们为企业的利益服务。

简而言之，预测并不一定与学习有关。为了弄清楚为什么会这样，我们假设一所虚拟大学的学生们从大学课程中什么也没有学到，在四年大学学习结束时，你给这些学生进行期末测试，并根据他们在期末考试中的表现给他们评定平均学分绩点，他们的入学考试成绩和高中学分*仍*可用来预测他们的大学成绩！（学生在大学什么都没有学到的事实很可能会提高预测的准确性！）即使学生们的知识和技能在那所大学都得到完全相同的提高，通过他们的入学考试成绩仍然可以预测他们的大学成绩。换句话说，通过考试预测学生的大学成绩这一事实与学生在大学的学习本身关系不大。

如果通过考试成绩可以预测*每个学生将要学到多少知识*，或者进入特定大学后每个学生的知识和技能将有多少提高，那情况就完全不同了。于是，该大学可以证明录取考试成绩最好的学生是合理的，因为他们比成绩较差的学生更能从大学学习中受益。但我们几乎不知道谁最有可能从大学学习中受益，因为我们所采用的衡量指标——大学的平均学分绩点——几乎没法告诉我们不同学生实际学到了多少。正如第三章中所指出的，必须衡量一段时间以来学生实际提高了多少以评估他们的学习情况，这要求在学生选修某门课程或完成该课程之前*以及*之后检测他们的知识和技能。

## 维持学术标准

高校教师还会为采取选择性招生的做法辩护，理由是他们希望"维持学术标准"。如果不进一步阐述，这种辩护相当于对母性、上帝、旗帜和苹果派的推崇一样：谁能反对维持标准呢？但是，*学术标准*一词究竟是什么意思呢？

这个词至少有两个不同的含义。首先，学术标准可以指大学的认证功能，即学生必须呈现怎样的表现水平才能取得特定的学分或获得学士学位。当这个词作为这个意义使用时，反对录取更多准备不充分的学生而降低录取标准的做法实际上是出于对最终（毕业时的）学业表现标准降低的担忧。那些提出这种论点的人没有意识到，改变招生标准并不会必然导致学业评判标准的改变，因为学业评判标准可以独立于录取标准而维持不变。

学生的入学标准与毕业时的学业评判标准之间不存在必然的联系，也许最好可以借助另一个医学类比来理解。就像教育的目的是试图在学生毕业时将其才能发展到较高水平一样，任何形式医疗的理想出院标准都是让患者成为健康的人。如果一名患者入院进行疝修补术，其出院标准基本上与必须接受更困难和复杂手术的患者没有什么不同，例如切除肺部肿瘤。在这两种情况下，目标都是一样的：让患者成为健康的人。然而，人们普遍认为，需要为肿瘤患者投入更多的资源：更复杂的手术、更密集的术后护理、更长的住院时间，以及可能的术后放疗或化疗。同时，人们认识到，疝气患者治愈的*可能性*（达到康复和健康的理想出院标准）更高，因为手术风险更低，预后更好（例如，患恶性肿瘤的可能性更低）。

简而言之，如果医院收治了一名病情比医院里其他普通患者更严重的病人，医院不会自动为该患者设定较低的术后评判标准：医院希望所有患者最终都能康复，并在出院时成为健康的、能对社会有所贡献的公民。诚然，重症患者可能需要投入更多的资源才能达到预期的出院标准，而且达到这些标准的可能性也低于普通患者，但医院不会仅仅因为患者入院时的预后较差而自动改变其出院标准。

如果我们现在转而关注教育问题，把一个准备充分（“聪明”）的大一新生和一个准备不充分（“不那么聪明”）的同学进行比较，也会出现类似的情况。在其他条件相同的情况下，准备充分的新生更有可能达到我们为学生设定的毕业时学业评判标准。如果我们想让这两个学生拥有均等的成功机会，显然我们必须专为那些准备不充分的学生投入额外的教育资源——辅导、学业支持服务等。我们可能还需要给那些学生更多的时间，使其有可能达到既定标准。无论我们是否选择投入这些额外的资源，*我们都不必降低学生毕业时所需达到的学业评判标准*。

这一医学类比突显了关于教育公平的一个重要的现实状况。具体而言，如果一所高校或高校体系想要维持学生毕业时的学业评判标准，同时通过招收更大比例的准备不充分的学生来促进教育公平，那么必须做出如下一项或多项改变：必须给予那些准备不充分学生更多的时间以使他们可以达到毕业时的学业评判标准；必须调动更多的高校共享教育资源，以有效教育那些准备不充分的学生；否则，该高校学生的辍学率和不及格率必定会上升。简而言之，*放宽录取标准并不一定需要改变学生毕业时的学业评判标准*。

在高等教育中，我们对学生学业评判标准的思考往往过于简单。我们不是试图通过差别对待来维持共同的学业评判标准，而是试图通过选择性录取来维持这种标准。正如我之前建议的那样，这本质上与试图通过拒绝收治病情最严重的患者来达成医疗机构的高出院标准基本没有什么不同。

关于维持学术标准的另一个含义表达了对学习过程本身的担忧。该含义如下：如果一所高校录取了大量准备不充分的学生，那么该高校对学术课程的要求就会降低，因此将会失去其作为培养学生才能手段的一些效力。这一含义意味着，当高校教师试图让自己的教学适应更多准备不充分的学生时，会忽视那些更聪明的学生，弱化了对他们的教育，从而阻碍了他们的发展。

无论采取何种招生政策，这一含义涉及的是所有高校都会面临的一个问题：如何有效地教育那些在学术准备方面存在显著差异的大学生。即使是最具选择性的高校也面临着这一难题，尤其是在特定的学术领域，例如写作能力的培养。事实上，良好的诊断在这里可以而且确实已经被用来强化学生的学习过程：合理的诊断性评估和适当的指导以及课程安排是应对学生学术准备差异的最常用方法之一。如果诊断评估和差异化分级工作做得彻底、周全、细致的话，没有理由让处于各种不同准备阶段的学生无法接触那些挑战他们发展才能的、难度更高的课程。换句话说，通过合理的课程分级，学术标准不会下降。

针对这一点，有必要提出以下这些问题：为什么*学术标准*成了如此沉重的概念？为什么高校教师如此重视学术标准？依我之见，这个词承载了太多的内涵，因为许多教师认为维持或提高学术标准是对聪明的尊重，而降低标准则相当于贬低或不尊重聪明的学生。

## 高校为谁而设？

这也许是最根本的"公平"问题。传统的招生办法——高校选择最聪明的学生——表明高校的设立主要是为了培养聪明的学生。事实上，许多高校教师，尤其是在那些室内游戏名单上常常出现的精英院校工作的教师会告诉你这一点。他们可能会说："培养那些准备不充分的学生应该是别的高校的事，也许是那些社区学院或高中该做的事？"但即使看看那些在高校等级秩序中排名靠后的高校，也会发现它们持同样的态度。那些学校的教师会说："我们要挑选我们所能招到的最聪明的学生，不想招收那些准备不充分的学生。"这种态度一直持续到高校等级秩序的最低层次，他们不得不录取那些仅能达到平均水平以及准备不充分的学生，要么是因为州内法律要求它们这样做，要么是由于高校需要这些学生来填充席位。但即使在这些院校，曾经与精英院校同龄人在同一所研究生院接受过培训的教师也更愿意教那些准备充分的学生，他们常常宁可去给那些校外补习班当兼职教师，也不想教那些准备最不充分的学生。因此，为什么61%的社区学院的全职教师表示他们对本校“学生质量”不满意[林霍尔姆(Lindholm)等,2005]根本就不足为奇。即使在四年制高校中,也有五分之二的教师(41%)表示他们对学生的质量不满意(伊根等,2014),超过一半(56%)的教师表示“教授准备不充分的学生”是他们压力的来源(林霍尔姆等,2005)。

这些数字清楚地表明,大多数上社区学院的学生并不特别受欢迎,更不用说那些设法进入四年制高校的普通或中等聪明的学生,至少从他们教师的角度来看是这样的。那么,在回答“高校为谁而设?”这个问题时——我们不得不得出这样的结论,高校*不是*为那些只是达到平均水平或准备不充分的学生而设的。

这些现实表明,在我将高校与医院进行类比时,有一个潜在的重要条件:虽然大多数医院的设计和设备配置都是为了治疗重症患者,但*大多数高校的设立并没有很好地考虑如何教育准备不充分的学生*。高校教师往往不欢迎这样的学生,通常会将他们的课程和教学方法调整到更适合最聪明的学生。对于准备不充分的学生,他们往往任其自生自灭,而其中许多人确实就此沉沦。

## 不那么聪明的学生重要吗?

当我们谈到那些被传统的以高中学分或考试成绩为衡量标准评定为不聪明的学生时,表述可能会变得很复杂。当然,我指的是那些可能被称为仅能达到平均水平和低于平均水平的学生,除非他们刚好是优秀的运动员或拥有其他特长,否则他们是不会被精英高校录取的。简单来讲，为了避免使用贬义词，我们将把这些学生称为*准备不充分者*。

首先，让我下一些读者可能认为过激的断言：

- 如何教育准备不充分的学生是美国高等教育中最重要的问题。
- 为这些学生提供更有效的教育，不仅有助于促进教育公平，还有助于缓解一些最严重的社会和经济问题。

在高等教育领域，很难找到任何其他问题或难题在某种程度上能与其相提并论，不仅对高等教育如此，对其他教育和整个社会亦如是。

正如我们已经看到的，高等教育对聪明的痴迷导致它偏爱准备最充分的学生，并将其他学生，尤其是准备最不充分的学生视为二等公民。准备不充分的学生包括数量不均衡的贫困学生和代表性不足的有色人种学生，因此这种不平等待遇往往会加剧财富、权力和种族的不平等，而这些不平等在美国已经达到了令人无法接受的程度。

在高等教育体系中，那些准备不充分学生的辍学率非常高，有一半以上的学生无法完成学位课程。尽管在中小学阶段(K－12)，学业准备不充分确实是导致辍学问题的主要原因，但高等教育很容易忘记，它自己除了要培训所有为这些学校工作的教师和管理人员之外，在推动那些低层次学校发展方面也要起关键的作用。高等教育对常模参照标准化考试的过度依赖也促使人们过度依赖中小学阶段的各类考试。因为由此生成的比较分数能让学生知道他们比其他学生中的 X％表现得更好，常模参照测试人为地限制了可以被认定为“聪明”学生的数量，并往往会让其他学生望而却步。在大学预科阶段进行常模参照测试的真正隐含意思是，它向(相对)表现较差的学生发出了强烈的负面信息:你很愚蠢,你很懒惰,你不是上“大学”的料,你是个失败者。难怪这么多年轻人在达到上大学年龄之前就对教育失去了兴趣。许多高中辍学者最终只能从事薪水很低、没有前途的工作,有的失业了,甚至有些人进了监狱。

美国被监禁过的公民的比例比其他任何主要国家都要高。① 像加利福尼亚这样的州在监狱方面的支出比在高等教育方面的支出还要多[圣金(Sankin),2012]。尽管大量最新研究表明,未完成高中学业的学生比高中毕业生更有可能从事犯罪活动,但与未完成大学学业的学生也有类似的关联。例如,没上过大学的高中毕业生被监禁的可能性是完成大学学业的学生的 5 倍[莫雷蒂(Moretti),2005]。同样令人震惊的是,与接受过大学教育的公民相比,那些只有高中学历者的工作收入只有前者的一半,失业率是他们的两倍[斯特劳斯(Strauss),2011]。② 当我们将完成大学学业的人与大学辍学者进行比较时,这些差异只是略有缩小。

请记住这些统计数据,想一想如果有更多的学生能够完成高中学业、进入大学并完成学业,我们的社会可能会发生怎样的变化,这是很有意义的。鉴于准备不充分的学生在高中或大学辍学学生中占很大比例,本节开头所提出问题的答案似乎就很明显了:“是的,不那么聪明的学生是我们社会结构中至关重要的一部分,这些学生的情况会影

① 在 222 个国家和地区中,只有小国塞舌尔(人口 9 万)的监禁率高于美国。美国的监禁率比俄罗斯高出三分之二,比中国高四倍。请参阅 www.wikipedia.org/wiki/List_of_countries_by_incarceration_rate

② 请参阅 im.mstar.com/im/newhomepage/chartoweek_080114.png

响我们所有人。”显然，找到更有效的方法来促进对这些学生的教育发展，对高等教育体系和整个国家来说都是一个至关重要的挑战。

学术能力评估测试组织方——美国大学理事会最近的一份报告强调了让更多学生接受并完成大学教育所带来的更为广泛的影响：

> 教育的益处并非仅福泽那些参与其中的个体。社会作为一个整体也会受益良多——有了更高效的生产力、更高的税收收入、降低对社会福利项目的依赖程度，也许最重要的是，公民应更具知情权且乐于参与其中。[鲍姆、黑濑和马(Baum, Kurose & Ma)，2013，第 13 页]

在美国的高等教育体系中，无论是公立学校还是私立学校，目前的构建都偏向于最聪明的学生，由此产生的不平等现象更多地落在准备不充分的学生身上，因此我们显然有必要扪心自问，是否有可能纠正这些不平等现象。高校能否找到一种方法，像重视最聪明的学生一样重视那些准备不充分的学生？事实上，如果我们再次援引医疗领域的类比，这一问题或将呈现出更为激进的形态。在医疗领域，因为人们理所当然地认为最严重的病人最需要帮助，我们通常会将大部分医疗资源投入治疗那些重症患者。同样，鉴于准备不充分的学生对教育的需求如此之大，*我们能否找到一种方法，将更多资源投入到教育这些准备不充分的学生中去？*

## 前路坎坷

正如我在本书中反复阐述的那样，改变高等教育对具有不同准备程度或聪明程度学生教育方法的关键在于教师文化——更具体地说，在于教师对聪明的认知和近乎敬畏的态度。

每当我与学术界的听众分享我对教育公平的一些想法时，即使是从那些公开表示支持公平和平权行动的自由派学者那里，我通常看到的是许多茫然的目光，或者充其量是礼貌的掌声。我们质疑高校的选择性录取政策或高校的等级排名制度等问题的想法与他们根深蒂固的信念格格不入，因此他们似乎不知道该如何回应。我经常想，如果我不是受邀嘉宾和发表过作品的学者，我的想法是否会受到嘲笑或招致公开的敌意。

要求一所精英高校的教师更优先教育准备不充分的学生，就像要求他们否定他们自己和他们学校所代表的一切：唯一、智慧、精英和“卓越”。即使这些高校通过尝试招收更多代表性不足的学生以表明他们采取了平权行动，但是我们可以预见，就是在这些代表性不足的群体中，他们也要挑出最聪明的申请者。这种做法很难称得上对准备不充分的学生予以优先考虑。

从最近国家教育组织年会的主题来看，“公平”和“多元化”已成为美国高等教育中最热门的两个话题。许多教育工作者将注意力集中在特定的种族/族裔群体上——非洲裔美国人、拉丁裔美国人、亚裔、美洲原住民——而另一些人则强调关注那些经济上处于劣势的穷人或第一代大学生，还有一些人关注针对这些群体的歧视或偏见行为。标准化考试会时不时地被单独拎出来批评，理由是它们可能被认为具有种族偏见，但在关于公平的讨论中，很少有人提到一直以来存在的高校等级排名制度或选择性录取政策。当然，高校教师对聪明的痴迷也从未被提及。

纯粹从数量上来看，学术界对聪明的痴迷可能是高等教育中代表性不足群体获得机会和发展的最大障碍。因此，令人困惑的是，那些谈论或写作与教育公平相关问题的人似乎认为，高校的等级排名制度以及测试、评分和选择性录取学生等做法是理所当然的。即使是那些倡导和实施平权行动的人，似乎也被动接受了那些将平权行动作为首要需求的政策和做法：标准化考试、选择性录取学生的做法，以及一个完整的有利于最聪明学生的等级秩序体系。因此，当一所精英院校试图录取考试成绩和高中学分低于正常录取的代表性不足的学生时，它通常会青睐其中最聪明的学生（即那些高中学分和考试成绩最好的学生）。

即使是那些在高校排行榜中排名靠后一些的高校，仍在继续实施这种“选择最聪明学生”的招生政策，平均学分绩点也继续被用作评估每个学生进步情况的主要手段。正如第一章中所指出的，许多不太知名的州立大学试图通过赞助优秀奖学金获得者来提高学校的选择性。当然，我们再来看看那些排名在2500名左右的高校，这些高校出于经济或法律所需必须接受几乎所有的申请者，选择性录取学生的政策对这类高校已不再可行。尽管如此，这些采取开放性录取政策的高校，就像排名靠前的那些具有选择性的高校一样，经常使用相同的平均学分绩点标准，仅根据申请者的聪明程度对入学学生进行排名。而且，正如我之前说过的，不到一半的社区学院的教师对学生的“质量”感到满意，三分之二的教师表示，教那些准备不充分的学生是他们工作压力的来源（林霍尔姆等，2005，第41、43页）。

也许对于高校及其教师来说，最重要的事情是开始尝试更多地从“系统”角度去思考问题，去思考整个高等教育体系的情况，而不仅仅是自己学校的情况。各所高校都竞相招收能招到的最聪明的学生，它们所做的这些努力对高等教育体系的综合影响是让仅能达到平均水平的学生和准备不充分的学生被冷落。在这种情况下，公平只能退居次要地位，因为没有学校和教师真正重视对这些学生的教育。事实上，这些学生在校园中的存在被视为一种影响高校“卓越”的负担。

与其将准备不充分的学生视为负担或对高校“卓越”的威胁，高校教师必须明白，我们的社会和民主与这些学生的命运息息相关。但是，只要高校教师坚持关于聪明重要性的传统观念，他们就会拒绝招收更多准备不充分的学生，也不会在教育这类学生方面投入更多资源，因为他们认为这样做会“危及我们学校的‘卓越’”。

鉴于这些现实，只要高校继续独立运作且相互竞争地运作，似乎就无法推进教育公平。高校教师首先需要做的好像应该是意识到加强对仅能达到平均水平的学生和准备不充分学生教育的重要社会意义和经济意义，并意识到要实现这一目标需要高校间的合作，也许可以参照汽车保险公司的运行方式，它们很久以前就意识到有必要共同协作，分担为高风险驾驶员提供保险的责任。第七章将详细讨论这一策略和其他可行的策略。

# 第五章

# 什么样的聪明才是真正重要的？

半个多世纪以来，标准化考试成绩和高中学分一直是高校挑选申请者的首选指标，因此高校教师似乎完全认同这种识别最聪明学生的最佳方法。学生一旦入学，教授们将继续依据学习成绩来衡量学生的课堂表现，并依据大学平均学分绩点和标准化考试成绩来挑选最聪明的学生进入研究生院学习。换句话说，高校教师不仅依靠这两个指标来挑选学生，而且还以此为依据来评估学生在高校期间的学习和成长情况。

本章要探讨以下两个基本问题：

1. 课程学分和标准化考试成绩如何充分反映高校在教育项目中试图实现的目标？

2. 学生重要的学习成果是不是没有很好地反映在这两个指标中？高校将如何评估学生的学习成果？

## 高校试图实现什么目标？

我们首先要问问自己，高校正试图实现什么目标。也许回答这个问题最直接的方法是追根溯源。高校声称它们正在做的事情通常可以在其官方使命宣言中查到。大多数高校在其网站上公布学校的某种使命宣言，但如果要对这些宣言进行全面调查可能需要查阅好几本书。为了让大家了解大致情况，表 5－1 是我花 20 分钟浏览了 8 所高校网站的不同样本后所收集的一些摘录。

显然，很难说这些宣言中暗示了学生的学习成果会反映在大学平均学分绩点或标准化考试成绩上。尽管各高校的这类宣言内容不同，但有可能在两个或多个宣言中发现一些相同的主题，如领导力、服务/公民意识和品格。事实上，这 8 份宣言中有 7 份提到了领导力，5 份提到了公民意识。同样，这些个人品质显然没有体现在学生的考试成绩或学分中。我的问题很简单：*如果高校渴望培养学生的这些品质，为什么他们的评估程序没有反映这些品质呢？*

一项针对 312 所高校的使命宣言所进行的更系统的分析证实了我对那 8 所高校的使命宣言随意浏览后得出的结果[米查姆和加夫(Meacham & Gaff)，2006]，发现“为社区作贡献”“领导技能”和“社会责任”是最常被提及的三个培养成果。唯一列出的与平均学分绩点和标准化考试相关的是“批判性分析和逻辑思维”，这与“喜欢多样性”“想象力和创造力”“个人观点和价值观”以及“道德品质”被提及的概率差不多。

在考虑一所高校可能通过其本科通识教育课程努力培养不同的个人素质时，很容易将*认知*与*情感*区分开来。平均学分绩点和考试成绩显然与学生的*认知*或智力发展水平有关，并与学科知识以及批判性和分析性思维、记忆、阅读理解、写作和计算等智力技能有关。情感成果与丹尼尔·戈尔曼(Daniel Goleman)(2005)所说的*情商*或霍华德·加德纳(Howard Gardner)(1999)所称的*存在智能*相似,被定义为道德品质、同理心、领导力、自我认知、公民意识、社会责任感和关爱他人等品质。

**表 5-1　大学使命宣言节选**

| *大学* | *节选* | *网址* |
|---|---|---|
| 布林茅尔学院 | "鼓励学生成为负责任的公民,领导并服务于日益相互依存的世界。" | www.brynmawr.edu/about/mission |
| 卡尔顿学院 | "培养学生的思想和品德素质,使毕业生成为合格公民和领导者,能够为地方、国家和全球挑战找到创新的解决方案。" | apps.carleton.edu/about/mission |
| 葛底斯堡学院 | "把学生培养成不断变化世界中的积极领导者和参与者……帮助学生发展批判性思维能力、开阔的视野、有效的沟通能力、对所有知识的内在联系有所感知、对人类状况有敏感度和全球视野,所有这些都是学生充分发挥其作为负责任公民的潜力所必需的。" | www.gett-ysburg.edu/about/college_history/mission_statement.dot |
| 圣塔克拉拉大学 | "培养有能力、有良知且有同情心的领导者。" | www.scu.edu/santaclara2020/vision |
| 南伊利诺伊大学卡本代尔分校 | "塑造未来领袖,改善我们的社区,改变生活。" | siu.edu/about-siu/mission.php |
| 密歇根大学 | "培养挑战当下、开创未来的领导者和公民。" | leadersandbest.umich.edu/contact/about |

续 表

| 大学 | 节选 | 网址 |
| --- | --- | --- |
| 得克萨斯大学奥斯汀分校 | “改变生活，造福社会。” | www.utexas.edu/about/mission-and-values |
| 耶鲁大学 | “从全国各地和世界各地寻找各种背景的有前途的学生，并通过心智训练和社会实践教育他们，以最大限度地发展他们的智力、道德、公民意识和创造力。这种教育的目的是培养对我们的传统有丰富认识的公民，从而在人类活动的各个领域做好领导和服务工作。” | yalecollege.yale.edu/yale-college-mission |

鉴于大学使命宣言中对情感成果的高度重视，高校教师将认知成果优先于情感成果似乎是相当片面的。他们经常借助学分和测试来评估学生的认知发展情况，他们很少关注学生的情感发展状况——价值观和信仰、情感成熟度、道德发展、领导力、公民意识和自我认知。

与这种专注于认知发展相一致的是，最近的一项全国性调查显示，几乎所有高校教师(99%)都认为培养本科生的“批判性思维能力”是一个非常重要或基本的目标。有几乎同样多的人(94%)认为，提高学生的“有效写作能力”是一个非常重要或基本的目标。然而，一个有点出乎意料的发现是，绝大多数高校教师*也*认为情感成果对本科生来说是非常重要或基本的目标：“教学生包容和尊重不同的信仰”(80%)，“培养道德品质”(67%)，“帮助学生树立个人价值观”(65%)(伊根等，2014，第32页)。

## 标准化考试的局限性

考虑到美国中小学和高校对国家标准化多项选择测试成绩高度重视，似乎很有必要仔细研究一下这些手段，看看它们是如何构建和评分的，以及它们作为衡量学生智力水平和学习情况指标的合理性。

当人们听到*测试*这个词时，通常会想到学术能力评估测试、美国大学入学考试或美国研究生入学考试等标准化的多项选择测试。*常模参照*意味着学生的分数只是以百分位数的形式呈现，表明他们与所有其他参试者的关系："你的成绩比 35％的学生好。"百分位数也可以另一种方式呈现——"你的成绩比 65％的学生差"——但测试公司显然认为表述为"成绩更好"可以让那些仅能达到平均水平或低于平均水平的参试者减少一些耻辱感。

*标准化*意味着所有考生回答相同的问题，对所有考生使用相同的评分程序。最后，*多项选择*意味着学生试图从一系列可能的答案中选择正确的答案（大多数测试题提供 5 个选项）。

最初，这些测试模仿测试智商（IQ）的方式来命题。例如，学术能力评估测试最初被称为学术能力倾向测试，因为组织者希望用它来衡量学生进行大学学业学习的"天赋能力"。随后，这个名称被改为学术能力评估测试，但今天使用的缩写 SAT 成了一个商标，并不具有任何特定含义［程（Cheng），2014］。

之所以使用*能力倾向*一词，是因为人们最初认为学生的分数所衡量的是他们的一些基本能力，而这些能力是不需要通过学校教育来提高的。这些测试的命题者们竭尽全力设计出与学生在学校中所学内容没有直接联系的问题。但是，在过去几十年的时间里，这一观点逐渐被摒弃，因为事实已经证明，通过辅导和训练，学生的考试成绩*可以*大幅度提高（普林斯顿评论，未注明日期）。

标准化多项选择测试因各种技术原因而备受诟病，因为它们被视为仅能测试狭隘或肤浅的知识[赫弗曼、哈钦斯和马切塞（Hefferman, Hutchings, & Marchese），1988]。然而，此类测试之所以受欢迎，主要有两方面原因：（1）它们可以对人数众多的团体进行管理和评分，而且成本很低；（2）通过这类测试得出的数字化的成绩很容易辨别出哪些是最聪明的学生。

然而，在学习过程中，没有任何内在的特定因素表明多项选择测试应该是衡量学生学习情况的唯一甚至是最合适的方法。许多其他评估方式——学术界偶尔使用的——可能会对学生的认知成果有更全面的衡量。这些评估方式包括口试、论文、简答题、填空题、匹配题、作品集、创意作品、工作样本或以其他“表现形式”呈现的测试。这些替代方式中的大多数都需要测试组织者投入更多的时间和精力，这也是为什么测试组织者不常使用这些方式的原因。

但是，采用这种低成本和便于辨别最聪明学生的方式是有代价的。当采用国家常模多项选择测试对学生进行评分时，正确答案的数量（或答对与答错题目的加权组合）被转换为百分位数或“标准”分数。① 这

① 学术能力评估测试和美国大学入学考试成绩是标准分数，这意味着它们以*标准差*为单位来表示。每个学术能力评估测试子分数的均值设定为500，标准差设定为100，因此，在学术能力评估测试写作测试中，一个学生考到600分意味着他比所（转下页）

种转换不再依据学生回答的问题有多少(以及哪些问题)是对的,有多少是错的这些基本数据,只是用一个仅表明一名学生相对于其他学生表现如何的分数取而代之。通过这种方式评定考试成绩,*让学生与参加考试的其他学生竞争*。从这个意义上来说,常模评分测试在该学生的意识中与传统的课堂评分标准是相同的,特别是当评分呈曲线分布时:所有这些衡量标准都只是告诉我们该学生与其他学生的关系。因此,这些竞争性评分指标对于衡量*学习效果*不是很有用,因为它们几乎不可能判断出该学生一段时间以来实际发生了*多少*变化或取得*多少*进步。通过反复测试,我们只能说该学生的表现*相对于其他学生的表现*是有所提高还是有所下降。对于每一个常模分数有所提高的学生来说,一定有另一个学生的常模分数有所下降!

采用标准化考试这种方式还可能存在另一个更微妙的问题:当我们选择使用常模分数来评估学生时,我们创造了经济学家所说的一个术语——*稀缺商品*。能取得“高”分的只有这么多人,也只有这么多学生可以被视为“聪明”人。如果分数超过 90%的人被定义为*聪明的学生*,那么只有 10%的学生被视为聪明人。无论学生学习多么努力,无论他们实际学到多少知识,总是只有少数人可以成为“出众的”或“高成就”的学生。换句话说,常模评估测试会自动限制有多少学生可以被视为聪明人。我们最需要意识到的是,这种稀缺性完全是*人为造成的*,而不是学生或正在评估的学习成果所固有的。也就是说,这种稀

(接上页)有学生的平均写作成绩高出一个标准差(在百分位数中大约相当于第 84 百分位数)。400 分则比平均值低一个标准差(在百分位数中大约相当于第 16 百分位数)。

缺性是由（常模）评估方法本身造成的。

与任何其他稀缺商品一样，这种稀缺性本身往往夸大了名列前茅的重要性，因此，那些低于平均水平，甚至只能达到平均水平的表现往往被视为“不达标”或失败。*换句话说，常模评分会让相当多的学生（即便不是大多数）认为自己是失败者*。

与常模参照测试评分方式相比，一个显见的替代方案是直接报告答对题目的数量或百分比。通过这种方式，高校可以建立起某些*绝对的*绩效评判标准，而不采取常模参照测试标准来评估学生的学习表现。这种方法被称为“标准参照”测试法[波普汉姆（Popham），1978]。例如，高校教师可能会设计一个高级的综合考试，并规定学生应该至少答对 70％的题目，才能获得学士学位。他们还可能规定，能答对 95％或更多题目的学生在毕业时可以得到优。采用这种评测方法，事先无法断定多少学生可以毕业或获得学士学位。从理论上来说，所有学生（或没有学生）可能有资格获得学位或荣誉。请注意，采用这种方法，不是通过将学生进行相互比较来评估他们的学习情况，因此一个学生成功并不意味着其他学生一定会失败。每个学生都知道所要达到的既定标准，能否达到这些标准并不取决于其他人的表现。

因为这种测评方式采用绝对标准而不是相对标准，所以它提供了一种评估学习情况和评判教学有效性与否的方法。学生刚进入大学时进行的测试可以提供一个基准线，在毕业时再测试一番能帮教师衡量学生学习了（提高了）多少。如果需要，这种前期测试和后期测试也可以用来评估各个不同班级学生的学习情况。

也许多项选择测试最大的局限性在于任务本身的人为性。一旦学生完成正规教育并进入职场，他们会发现在多项选择测试中取得好成绩所需的技能在实际工作中的适用性似乎很有限。在现实生活中，我们要经过多长时间才能有机会遇到那些事先设定好一组答案的问题，而且其中只有一个答案是正确的？我们要经过多长时间才能有机会遇到一个简短的问题，并且必须在紧迫的时间压力下找到这个问题的正确答案？你的老板多长时间才能有机会来找你说："好吧，这是一个我们需要解决的问题。我现在给你提供5种可能的解决方案，其中只有一种是正确的。现在需要你在90秒的时间内找到正确的解决方案。"？生活中的问题多长时间才能有机会以如此奇怪的形式出现呢？那么，遇到那些需要创造性解决方案的无数现实问题时该怎么办呢？这里的重点是，在多项选择测试中要取得好成绩需要高度专业化的能力，而这与现实生活中的问题如此格格不入，人们不禁怀疑教育工作者如此随意且不加批判地使用这些测试方式是否明智。

到目前为止，我主要谈论的是多项选择测试是*如何*编制和评分的。但这些测试在能够很好地用来衡量*什么*方面也是有局限性的。多项选择测试可以用来衡量学生掌握课程学科知识、词汇、阅读速度和理解力等能力。当然，这些都是重要的学习能力，但它们并不包括*认知成果*这一术语所隐含的一切。特别是，多项选择测试不太适合衡量那些需要发挥创造性才能的教育成果。创造力可以通过创意性成果或某种*创造性行为*来体现。创意性成果包括诸如论文、研究报告、发明、剧本、电影、视频、艺术作品和音乐作品这类东西。创意行为包括同样多样化的活动，如公开演讲、舞蹈、音乐演奏会、绘画或雕塑以及戏剧创作等。

这一讨论表明，标准化多项选择测试成绩和课程学分只是非常片面的衡量是否具有天赋或聪明的标准。只要高校教师继续将他们评估学生的方式局限在通过此类测试成绩或课程学分来衡量的学生才能上，他们不仅会在无形中降低对创造力的重视程度，而且对先前提到的高校使命宣言中所蕴含的各类多样化的学生培养成果也不够重视。换句话说，*课程学分和多项选择测试成绩只能用来衡量高等教育试图培养的多样化人才中的一小部分*。

多项选择测试的另一个局限性是它使学生和教授之间产生了距离。测试的组织和评分是不带个人色彩的，数字反馈同样枯燥、缺乏人情味。通过这类测试，教授无需与学生互动，甚至不需要知道他们的名字就可以评估学生的表现。即使多项选择测试是专门为特定课程设计的，这种“距离感”依然存在，这在大班授课中很常见。显然，这种客观评估方式不利于师生之间建立密切的联系，而事实证明，密切的师生关系在学生的本科学习经历中至关重要（帕斯卡雷拉和特伦兹尼，2005；研究组，1984）。

## 一种可行的学分替代方案

此时，你可能会疑惑：“如果阿斯汀对课程学分和标准化多项选择测试成绩如此不信任，那么他会用什么方法来取而代之呢？”学生显然需要通过某种方式来反馈他们的学习情况，而学校也需要通过某种方式来记录学生的认知发展情况。评估学生认知发展情况的一个很好的替代方法是*叙述性评价*，采用这种评价方式时，教授需要写一篇简短的文章来总结和讨论学生的学习进展状况。叙述性评价有时也被称为*整体性评价*，通常侧重于学生在课程中的表现，但也可能包括学生在高校期间成长发展的其他方面。许多高校教师在进行叙述性评价方面有相当丰富的经验，例如，他们常常在批改学生写的文章或研究论文时撰写评语。叙述性评价更全面，更注重对学生学习过程的评价，充分考虑学生在整个课程学习过程中的进步和表现。

叙述性评价为学生提供个性化的详细反馈。学生不仅可以了解自己对课程内容的掌握程度，还可以了解自身的优势以及自己在哪些方面还需要改进等具体信息。这种评价方式也使教授有机会向学生反馈他们所掌握的基本认知技能，如写作和批判性思维。叙述性评价不仅对学生非常有帮助，而且由于这一过程本身要求教授亲自了解学生的学习状况，因此也加强了师生之间的联系。

尽管大多数高校依然沿用传统的评分方法，但也有几十所高校已经开始采用叙述性评价方式。其中一些高校，如阿尔维诺学院、长青州立学院、戈达德学院、汉普郡学院、新佛罗里达学院和耶鲁大学法学院，只采用叙述性评价。其他一些高校，包括安提阿大学、巴德学院、圣约翰学院和英国牛津大学等，则*同时*提供叙述性评价和传统课程学分。还有一些高校，包括本宁顿学院、里德学院和莎拉劳伦斯学院等，采用叙述性评价，但如果学生有要求，它们也会提供传统的字母等级评分。

为了让人们了解为什么高校选择采用叙述性评价方式来评价学生的学习情况，下面列举出阿尔维诺学院给出的观点：

打学分的目的是衡量你的学业完成情况。但是，单一的字母等级评分并不能表明你是否已经掌握了课程所学内容，也无法说明你在现实世界中会如何应用这些知识。这就是为什么我们不采用传统的评分方式来评价学生。相反，通过评价你的个人进步情况并给予你有意义的反馈，阿尔维诺学院的教和学得到了强化。我们向你反馈的不是平均学分绩点，而是更有价值的东西——叙述性成绩单。它是可以展示你成长过程的文件，为你的父母、研究生院和未来的雇主详细描述了你完成学业的情况。（《阿尔维诺学院评级体系》，未注明日期）

**汉普郡学院对为何选择采用叙述性评价方式来评价学生的学习情况的表述略有不同：**

我们认为，用字母等级评分对学生进行评价是远远不够的……我们应该用叙述性评价来替代字母等级评价以全面评估学生在作业、项目和课程等方面的表现和进步情况。

这些评价类似于职业绩效评估，可以帮助学生明确自身的成长潜力何在以及优势何在。

*研究生院和雇主对此有什么看法？*他们认可汉普郡采用的书面评价方式，这些评价对学生的学习情况进行了一个多维度的叙述性记录。事实上，我们的评价可以帮助学生为进入现实世界做好准备，在那里他们将接受绩效评估，而不是成绩评定。

汉普郡学院的教师对叙述性评价的看法是：“有了叙述性评

价，学生们相互间不再进行比较；他们会把自己目前的学习情况与自己学得最好时的情况进行比较。有了分数，学生往往会认为‘我得了A。我不需要再做更多了’。但我的观点是，无论你目前学得多好，你总可以做得更多，你总可以变得更好。”

*汉普郡学院的学生对叙述性评价的看法是*……“叙述性评价将汉普郡学院的课堂变成了协作的场所而非竞争的环境，学生可以相互合作，以富有成效的方式将各种知识予以整合。我不用将自己与他人进行比较，以衡量我在班级里的学习情况和进步情况，我得到的反馈是，作为一个独立个体、一个学习者，从进入这个班级学习开始我的进步情况。”（《招生叙述性评价》……，未注明日期）

对叙述性评价的一个常见反对意见是，它们只是*定性*评价，这意味着这种评价不能提供量化评分让人们对学生进行排名和评分，从而难以直接识别出最聪明的学生（毫无疑问，这就是一些高校同时采用两种评价方式的原因）。一方面，一些反对者声称，当学生申请进入研究生院学习时，这种叙述性评价会造成不利影响；另一方面，一些在研究生院任教的教授会表示，他们*更喜欢*附有叙述性评价的申请人，因为这些评价可以提供非常丰富的信息。

可能另一个对叙述性评价更严重的反对意见是，这种评价方式耗费人力，与给学生打传统课程学分相比，它们通常需要教师投入更多的时间和精力。要理解这一反对意见，需要考虑在准备叙述性评价时可能涉及哪些额外的人力投入，以及这些额外的人力投入对提高学生的教育体验质量有什么帮助。要写出准确而有意义的评价报告，教师除了要花费大量时间外，还要花费精力充分了解学生的学习情况。一方面，深入了解学生可以提高教授有效教育和指导学生的能力。另一方面，在学生档案中提供书面评价有助于其他教职员工同样充分履行教育和指导职能。最后，应该指出的是，在许多仍采用传统评分方式评价学生的高校中，为了给学生打分，有些教授已经做了进行叙述性评价所需的大部分工作。

一些对采用叙述性评价方式持批评态度的人声称，这种评价认知成果的方法只适用于小型私立大学，而不适用于那些招收大量学生的大型公立大学。这一论点忽略了这样一个事实，有一些公立大学在这方面已经有成功案例，这类高校有加利福尼亚大学圣克鲁兹分校、纽约州立大学帝国州立学院、西华盛顿大学费尔黑文学院和长青州立学院。

## 情感成果

我们已经看到，诸如领导力、服务意识和具有公民道德这样的情感成果，在高校的使命宣言中经常被提及。在过去的几十年里，心理学家试图拓宽智商或智力概念的内涵，将自我认知、人际交往能力和同理心等情感特征也囊括其中（加德纳，2011；戈尔曼，2005）。目前，还没有别的能像学术能力评估测试这种可以广泛运用的方式来衡量这些特质，但这丝毫不会降低它们的潜在重要性。事实上，丹尼尔·戈尔曼（2004）已经证明，*情商*是体现有效领导力的关键组成部分，他将情商定义为有自我意识、同理心、自我调节能力和社交技能等品质。

除了目前采用叙述性评价方式评价学生的少数几所高校外，如今大多数高等教育机构都没有监测学生情感素质的发展情况，尽管它们在使命宣言中可能会提及此类成果。这并不是说一些教授没有注意到要培养学生的情感品质，也不是说一些教师没有积极促进学生发展这些品质；相反，对评估情感成果缺乏系统的尝试表明，无论在高校还是在教师中都没有建立起支持本科生情感素质发展的指标体系。

鉴于高等教育对标准化考试成绩和传统课程评分方式实践的持续普遍依赖，这些现实表明，高校教师满足于将对学生最重要的看法局限于认知领域，且仅局限于这两种片面的衡量聪明与否的标准。

诚然，高校在招生过程中有时也会考虑领导力和社区服务能力等领域的创造性成就和情感成就，但这些只是被放在对申请人进行过全面的智力水平筛选*之后*。换句话说，聪明可能不是那些选择性高校录取你的充分条件，但它肯定是*必要*条件。尽管许多高校现在确实在鼓励学生建立成长档案以总结和展示他们在高校期间的情感发展经历和取得的成就，但大多数高校仍然把平均学分绩点和课程学分作为衡量学生在本科阶段学习表现的官方记录。

## 具有公民道德和服务意识

最近高等教育领域最显著的发展之一是对服务意识和公民责任感关注度的日益提升［穆齐尔（Musil），2015］。认识到让学生参与服务工作的重要性，1985 年，斯坦福大学、布朗大学和乔治敦大学的校长与美国国家委员会主席一起成立了校园联盟，这是一个由高校校长组成的联盟，成员们承诺推动所在院校学生参与社区服务。该联盟致力于“将社区和公共服务融入校园生活”，现在该联盟成员已增至1100多个（校园联盟，未注明日期）。*换句话说，有1000多位高校校长公开表示支持学生和学校参与服务工作。*

这些高校校长有充分的理由做出这样的承诺。研究表明，参与服务性学习——包含某种形式的社区或公共服务的课程——能极大地提升本科生的整体大学体验［阿斯汀和福格尔格桑（Astin & Vogelgesang），2000；艾勒（Eyler）等，2001］。这些成果的积极影响在学生大学毕业后依然发挥作用。与那些原先没有参与过公共服务的同学相比，在大学期间有过服务学习经历的毕业生在离开大学后有更高的公民参与度和价值观转变。这些差异体现在投票、向慈善机构捐款、与他人合作解决社区问题以及个人态度和信仰等方面。他们对成为社区领袖、推动政治和社会变革以及努力促进不同种族间的理解等事务表现出更大的兴趣。与此同时，与没有参与过公共服务的人相比，那些积极参与者更倾向于认为他们在本科教育阶段接受的这类教育可以为他们大学毕业后的生活做好充分准备（阿斯汀和福格尔格桑，2006）。

## 领导力

如今，许多高校开设了提升领导力的正式学术课程。然而，当前大部分培养学生领导力的工作是在负责学生事务的专业人员指导下开展的。目前比较流行的领导力培训模式是促进领导力发展的社会变革模式(阿斯汀和阿斯汀,1996),该模式已在数百所高校应用[杜根和科密维斯(Dugan & Komives),2007;科密维斯、卢卡斯和麦克马洪(Komives, Lucas, & McMahon),2013;科密维斯和瓦格纳(Komives & Wagner),2009]。社会变革模式是以某种价值观为基础的,旨在培养学生的自我认知、奉献精神、协作能力和公民意识等品质。

无论是在商业、教育、军事领域还是在政治领域,成为职场高效领导者的重要性都是不言而喻的。我使用一个常见搜索引擎来查找"领导力在商业领域的重要性"这一短语,搜索到2.61亿条结果!尽管我不确定是否有人对商业类书籍的书名进行过调查,但我敢打赌,*领导者*或*领导力*是此类书名中最常见的用语之一。向人们推广"情商"概念的丹尼尔·戈尔曼(2005)所做的研究表明,高效的商业领袖通常有某些个人特质,如自我意识、自我调节、同理心和社交技能(戈尔曼,2004)。最近,戈尔曼与管理大师彼得·圣吉(Peter Senge)合作,提出了针对中小学阶段教育的"三重聚焦"模式,该模式几乎完全基于某些情感品质的培养,这些品质与戈尔曼对高效管理者所展开研究中确定的特质极为相似。这种"三重聚焦"模式包括学生的*自我*(自我认知、学会管理自己的情绪)、学生与*他人*的关系(同理心、关爱别人、社交技能)以及学生对*外部世界*(家庭、组织、整个世界)的理解(戈尔曼和圣吉,2015)。

如果培养像戈尔曼提出的那些情感特质对上大学前的教育来说是一项合适的活动,那么在高等教育阶段也应该继续开展类似活动。而且,正如我们已经看到的,不少高校在其官方使命和宗旨宣言中通常也会提到这些特质。

## 以“S”开头的词

我们能在多大程度上推动高校关注对学生情感特质的培养？在过去的12年里，我与几位同事亲自参与了对大学生*精神层面*发展的研究。这项研究的结果让我坚信，学生精神层面的发展应该是高校重点关注的话题，不仅因为它是学生大学生活中一个非常重要的方面，也因为精神层面的发展会影响学生学习和成长的其他各个方面。

大学生关心的“大问题”本质上是一些精神层面的问题：我为什么上大学？我真正在乎的是什么？我有人生追求或目标吗？我想成为什么样的人？我想助力创造一个什么样的世界？当我们谈及学生的“精神追求”时，本质上是在谈论他们为寻求这些问题的答案而做的努力，以及他们如何在生活中找到方向感。

学生如何处理这些问题会影响他们必须做出的许多非常实际的决策，包括他们对课程、专业和职业的选择，他们最终是想完成大学学业还是辍学以及他们是否决定攻读研究生。

正如我们的研究所设想的那样，精神上的追求不同于*宗教*，宗教通常涉及坚守一套基于信仰的教义，加入一个有共同信仰者的团队以及参加宗教仪式或典礼。此外，精神上的追求与我们在工作和生活中领悟到的生活意义和人生目标有关，还与我们彼此之间以及与周围世界的连接感有关。宗教活动有可能而且经常与精神上的追求密切相关，但宗教信仰并非精神追求的*必要*组成部分。

我们通过研究确定了 5 种精神特质：

1. 精神追求
2. 心平气和
3. 关爱伦理
4. 参与慈善
5. 普世观念

根据这些衡量标准所定义的*精神上的追求*，事关如何积极寻求人生“大问题”的答案，这种精神上的追求是一种超越种族中心主义和自我中心主义的全球世界观，体现出对他人的关怀和同情，还是一种包括为他人服务在内的生活方式，以及保持内心平静和专注的能力，尤其是在人们遭遇压力的时候。我们的研究以 14000 多名本科生为样本，研究结果表明，学生在大学期间发展起来的这些精神特质有助于提高学生的学业成绩、领导能力、心理健康、对大学的满意度以及研究生阶段的学习兴趣（阿斯汀、阿斯汀和林霍尔姆，2011）。研究还表明，学生精神层面的成长反过来可以通过反思、沉思以及参与服务学习和出国留学等活动得到增强。

简而言之，本研究的结果表明，高等教育应该更多关注学生精神层面的发展。促进学生精神层面的发展将有助于培养出新一代更有爱心、更具全球视野、更致力于社会正义的公民，同时也能够让学生以更平和的心态应对快速变化的社会带来的许多压力和紧张。

## 超越传统的智力水平衡量标准

对大学生情感发展方面所进行的简要探讨清楚地表明，传统的智力水平衡量标准——课程学分和标准化考试成绩——根本无法涵盖大学生经历大学阶段的培养后所具有的丰富多样的特质。因此，如果高校教师要认真履行所在院校培养学生创造力、领导力、健全人格和社会责任感等素质的承诺，那么他们就必须承认，学分和标准化考试成绩不足以衡量学生的整体进步和发展情况。简而言之，智力水平的衡量标准应该有一个更丰富、更宽泛的内涵，远非这些片面衡量标准所能涵盖的。

因为高等教育肩负着培养新一代领导者和专业人士的重任，所以我们有理由提出一个问题：我们这样一个全球化的社会需要什么样的人才？当然，毫无疑问，像科学和技术知识这样的认知专长对于推动现代社会高效运作越来越重要，但仅靠认知技能不足以应对社会上存在的最紧迫问题：暴力、贫困、犯罪、离婚、吸毒等，更不用说宗教冲突、民族矛盾和种族冲突等一直困扰着我们国家和世界的问题。从根本上讲，这些都是情感层面的问题，需要我们更加具有自我意识、道德推理能力、人际交往能力、平和心态、同理心和关爱他人的意识。当然，其中许多特质对于任何一个民主社会的健康发展都至关重要。

在这里，我想引用已故前大学校长霍华德·鲍恩（Howard Bowen）的话来结束本章的内容，人们普遍认为鲍恩是过去半个世纪里美国高等教育领域最杰出的思想家和学者之一：

教育不应只是注重培养学生的智力和实践能力,还应积极培养学生的情感特质,包括道德、宗教、情感、社交和审美等方面,以促进学生的全面成长(鲍恩,1977,第33页)。

第六章

# 教师文化

## 问题的核心

如果你想让任意一群高校教师列出主导他们学术生活的最重要价值观和信仰，许多人会把“学术自由”和“追求真理”列入其中，但“聪明的重要性”几无可能出现在任何人的清单上。然而，教师对聪明的重视几乎可见于他们所做的一切事情之中：招收学生和择优录取、测试和评分、荣誉课程、优秀生奖学金、教师招聘、同事关系和学术奖励制度（尤其是重科研轻教学）。这种对聪明的痴迷在整个高等教育体系中普遍得到进一步体现，你会发现无论是公共基金还是私人基金都不成比例地投入到排名靠前的那些拥有“最聪明”教师和招收“最聪明”学生的高校。

聪明这一价值观念对教师的日常学术生活有许多微妙的影响，其中许多影响是通过教师的同行群体来发挥作用的。像其他专业人士一样，高校教授会认同同行，并寻求他们的认可，而获得认可的方式深受学术文化共同价值观的影响。当然，聪明是这些价值观之一。因此，教授们希望自己在学术界同行眼中*看起来*很聪明，他们为此想出了各种策略。

## 不发表即出局

教授们想要获得同行对自己学术能力认可的最可靠方法是通过发表研究成果和学术著作，这无疑有助于解释为什么高校教师对学术成果如此看重，不仅体现在对学术人才的聘用过程中，而且体现在研究生的培养过程中。尽管许多博士生正为能当上高校教师而作准备，但他们所接受的大部分培训都只是为了提高他们的研究能力。

在我所从事的心理学研究领域，博士生培养主要侧重于培养学生的研究能力，尽管大多数研究生最终将成为临床或心理咨询师或大学教师。进入著名大学的临床心理学博士项目所面临的最大困难之一是，如果申请人说他们想做临床工作而非搞研究，这很可能会危及他们被录取的机会！

几十年来，美国高等教育一直在努力解决“研究与教学的冲突”问题。这种冲突在主要的研究型大学中尤为严重，但“不发表即出局”的规定也影响着许多规模较小的大学和文理学院的教师。那些喜欢指责大学所谓过度强调研究而忽视教学的高等教育批评者可能无法理解，正是教师对聪明的痴迷加剧了这种不平衡。在大多数教师看来，做研究并发表研究成果显然需要相当的智慧和才华，而要成为一名优秀的授课教师和导师则不太能表明其聪明与否。事实上，一些看起来非常聪明的同事可能只是平庸的授课者。此外，尽管有一个明确制定的绩效标准，即发表学术成果，也就是通过研究成果和学术著作来展示聪明，但对于如何评判一个同事的教学和指导能力却没有达成共识。

研究与教学的相对重要性在教师使用的术语中得到了体现。实际上，所有全职教师可能都曾提到过他们的教学“负担”。当一所大学试图招聘新教师时，有时会提供的一项福利便是减轻教师的教学负担。这种说法就意味着，至少对某些教师来说，教学被视为一种负担。相比之下，人们从未听过大学教师提及他们的研究“负担”。

简而言之，这就是研究与教学困境的症结所在：*大学教授非常重视研究和学术成果，因为他们营造了一种崇尚智慧的文化，但他们恰好受雇于以教育学生为主要职责的学校。*

学者们还发明了各种方法用学术成果来评估同事的聪明*程度*。发表作品的绝对数量就是一个衡量标准，尤其是从消极角度来看：“X教授发表的作品不多，所以也许他不够聪明。”在发表作品数量达标的情况下，作品的预期质量就成了衡量聪明程度的主要指标。

一个虽粗略但被广泛应用的质量指标是文章发表期刊的声望。在大多学术领域，期刊都有一个既定的等级顺序，就像第一章中描述的高校的等级秩序一样。正如排名靠前的大学拒绝大部分学生的申请一样，排名靠前的期刊也会拒绝很大比例的投稿。对于期刊，一般教师的想法是这样的：“因为排名靠前的期刊只发表高质量的文章，所以你必须非常聪明才能将你的文章发表在这样的期刊上。但如果你的文章只发表在排名靠后的期刊上，你可能就不是很聪明。”

关于这种期刊排名方法一直让我感到困惑的是，既然评审委员会有机会直接阅读和评审候选人的作品，那期刊的声望为什么还这么重要呢？然而，评审委员会仍高度看重期刊的排名，即使他们能看到候选人的实际发表成果。对于声望较低的期刊来说，这尤其成问题，委员会中任何成员都可能因为期刊的质量“存疑”而放弃阅读候选人发表的成果。

另一方面，阅读候选人的作品实际上为判断候选人是否聪明提供了几乎无限的可能性。鉴于大多数大学教授都有很强的批判性思维能力，评审候选人的学术成果提供了一个诱人的机会，可以让他们对别人的作品作出批判性评判，进而评判其聪明程度。

学术研究和成果，特别是在人文和社会科学领域，无论作品质量如何，都极易受到坚定批评者的攻击。因为任何社会科学研究或人文论文都不可能没有缺陷、限定条件、歧义或其他局限性，所以挑毛病或以其他方式给出批判性评论就是小事一桩了，就像瓮中捉鳖。由于许多招聘和评审委员会对候选人是否“足够聪明”的问题非常敏感，因此某位评审员的一条批评意见就足以毁掉候选人获得好评的机会。

深知同事们非常看重聪明也会导致评审走向另一个极端：当教授们“喜欢”一位正在接受评审的同事时，他们可能不愿对该同事的作品提出严厉批判，以免他们的批评被其他人视为该同事不够聪明的证据。教授们甚至在正式人事评审流程之外对受他们青睐同事的作品也经常只是提出缓和批评，以避免伤害同事的感情。

简而言之，教师们对聪明的高度重视在同行评审过程中催生了大量虚假现象，致使一些同事遭受了无端且羞辱性的攻击，而另一些同事则得不到本可最终提升其学术水平的关键性批评反馈。

## 绝顶聪明的人

大多数人认为,20 世纪典型的“最聪明的人”是阿尔伯特·爱因斯坦(Albert Einstein)。目前,这一头衔最有可能落在英国的斯蒂芬·霍金(Stephen Hawking)身上;然而,即使在爱因斯坦去世 60 年后,他的名字也可能比其他任何人的都更能代表智慧。爱因斯坦和霍金都是理论物理学家的事实可能有助于解释“理论”在学术界何以享有如此高的地位。也就是说,大多数教师认为,要成为一名优秀的物理学家,需要极大的智慧,而要成为一名出色的理论家则需要更大的智慧。数学在其中也起着重要作用。许多物理学家的理论,包括爱因斯坦和霍金的在内,都依赖高等数学,高等数学成了别人认为他们聪明的增分项,因为大多数学者可能认为,要运用好高等数学,你必须非常聪明。

物理学家和其他领域的自然科学家之所以在学术界享有很高的地位,部分原因是人们认为他们非常聪明。因此,多年来一些社会和行为科学家努力效仿物理科学家:他们在实验室做研究,做实验,运用数学,并努力发展各种理论。一些社会科学家在他们的领域享有相当高的地位,因为他们是理论家。

大多数学术学科试图通过特殊表彰或奖励来甄别其所在领域的超级聪明者。其中最著名的可能是诺贝尔奖和普利策奖。精英院校有时会在谁的教师团队中拥有最多的诺贝尔奖获得者方面相互竞争。当选为美国国家科学院院士(该荣誉授予“在原创性研究中取得杰出且持续成就"的科学家)，也是拥有非凡智慧的标志(见 www.nasonline.org/membership)。自科学院成立以来，我们也见证了美国国家工程院、医学院和教育院的相继成立。大多其他学术领域也有类似表彰该领域顶尖学者的荣誉。

美国心理学会和历史学会等专业协会都设有自己的特别奖项，用于颁发给那些被认为是该领域最优秀的学者。高校也通过邀请这些学者在校园里发表"冠名讲座"来表彰他们中的许多人。有时，顶尖学者也可能被授予荣誉学位，不过荣誉学位并不总是被学院教师视为具有卓越智慧的证明，因为它们也经常被授予那些名人或给学院慷慨捐助的人。

毫不奇怪，获得过众多上述荣誉的教师会受到大学的高度追捧，这不仅因为他们被视为"超级聪明"，还因为他们可以为学校的声誉作出贡献并争取到校外资助。

## 展示你的聪明才智

在与同事的私人关系中，高校教师通常会采用几种不同的策略让自己看起来很聪明。两种最明显的策略就是我所说的*最大化策略*和*最小化策略*。喜欢用最大化策略的教师往往能言善辩，喜欢展示他们的批判技能，通常长篇大论地指出其他人建议或想法中的瑕疵。他们抓住每一个机会，在同行面前展示自己有多聪明，这种策略通常在委员会、部门或学术参议院会议上表现尤为明显。事实上，有人可能会说，对于喜欢用最大化策略的人来说，这样的教师集会就像是为其提供了一个表演的舞台，他们可以在如同观众一般的同事面前展示自己有多聪明。

一些教师喜欢在同事面前炫耀自己有多聪明的做法也会影响同行评审的过程。当喜欢用最大化策略的人认为被评审者不够聪明，或者只是想“整治”某个他们碰巧不喜欢的人时，他们的口头和书面批评可能极具破坏性，不仅不会给被评审人任何机会，而且会伤害他们的自尊，打击他们的士气。

喜欢用最大化策略的人可能会在课堂、学术委员会和许多其他领域产生巨大的影响，但大多数同事并没有意识到他们还会成为高校推行机构改革的阻碍。众所周知，大学是一个很难改变的地方。有改革意识的管理人员和教职员工通常很清楚他们大学里有些情况有待改进，但由于要进行重大改革通常必须首先得到教师们的同意，因此大多数对大学政策和实践方面进行重大改革的尝试都没有成功。作为一名在高校工作了将近30年的老员工，在走访了数百所各类高校后，我的感觉是，那些喜欢用最大化策略的人以及我们为他们提供的各种表现机会成了高校实施改革的主要障碍之一。

当任何新的改革设想呈现在一群教师面前时，我们可以肯定，那些喜欢用最大化策略的人会站出来长篇大论地阐述这一改革设想的所有“缺陷”。诚然，批评是解决问题和开展其他智力活动的重要组成部分，但在那些喜欢用最大化策略的人手中，批评本身成了目的——一场精彩的表演——从而阻碍了对改革提案进行深入探讨的可能性。这类人尤其擅长利用同事对自己聪明程度的不自信感，例如，暗示高校政策或实践方面的任何变化都会损害“学术标准”。这种言辞策略，再加上许多喜欢用最大化策略的人本身确实是能言善辩的批评者，让他们能够在部门会议或学术会议上对参会者施加不当影响："哇，直到马克斯教授开口发言，我才意识到这是一个多么愚蠢的想法。"

那些喜欢用最小化策略的人更关心的是如何尽量减少被同事认为自己"不够聪明"的可能性，而不是想着如何展示他们的智力优势。喜欢用最小化策略的人很容易被那些喜欢用最大化策略的人吓倒，他们在教师会议上通常会保持沉默，被动地"配合"那些喜欢用最大化策略同事的消极态度。与此同时，那些倡导改革的人在这些辩论中处于相当不利的地位，因为批驳一种新想法比坚持一种新想法更能给人提供诱人的、可以展示批判性思维才华的机会。即使主张改革者在阐述他们改革建议时伶牙俐齿、能说会道，他们通常也是在打一场必败之战。那些喜欢用最小化策略者和喜欢用最大化策略者之间的隐性合作使得任何改革提案都很难得到公正对待，原因很简单，因为那些喜欢用最大化策略的人通常能够利用那些喜欢用最小化策略的同事担心自己"看起来很愚蠢"或"无法维持学术标准"的恐惧心理来将他们的注意力集中到对改革的负面评价上。这种教师间的互动模式会对那些原本可能支持改革的教师产生特别有害的影响，他们常常会变得士气低落甚至愤世嫉俗。他们会觉得："我们这儿不可能有任何改变。"当然，这种想法最终会成为一种自我实现的预言。

除了对改革和个人学术经历有影响外，高校教师对聪明的过度关注也对整体学术活动产生不良影响：包括他们上课、提问和探究问题的方式。在公开场合，很少听到教师同事说"这是一个好问题"，或者"让我们试试，看会发生什么"，或者简单地说"我真的不知道"之类的话。

## 追求地位

我们在第一章中所描述的高校等级秩序与典型的高校教师对那种被他人视为聪明的心态密切相关。在高校等级秩序中排名靠前的选择性高校，特别是精英研究型大学，很像私人俱乐部。在那里，评判一个人能否成为俱乐部一员的标准不是金钱、权力或社会地位，而是智力和学术成就——也就是聪明才智。在学术文化中，只要能在精英高校取得学位，或者被这类高校聘用，通常会被视为具有个人智慧。

当代高校教师非常清楚高校的等级秩序。事实上，他们的前辈帮助构建了这样的秩序，他们继续采用标准化考试的测试方法和选择性录取新生的制度，将这种状态一直维持下去。尽管一些大学互相挖墙脚，试图吸引对方的顶尖学者，但不同层级高校的教师几乎没有纵向流动的可能。社区学院的教师几乎不可能转到等级较高的四年制学院任教，在文理学院任教的教师也很少有机会能转到研究型大学。此外，在不太知名的研究型大学任教或做研究的教师也不太可能在那些在高校排行榜中的顶尖大学获得工作机会。尽管不同层级高校聘用的专业教授所教授的课程内容相似，但这种缺乏向上流动机会的情况却普遍存在。能突破这种缺乏纵向流动规则的罕见事例几乎总是发生在那些不太知名大学的杰出教师身上，他们之所以能被更知名的大学招募，是因为他们在研究中取得了重大突破。

即使在排名靠前的高校中，人们也会感觉到地位的细微差异，因此除非他们要去的新学校与他们先前任教的高校地位相当或地位更高，否则教授们通常不会轻易跳槽。因此，如果一位在排名前 10 大学已获得终身教职的同事决定转到排名在第 15 或第 20 位的大学，那么该校的教授们可能会大吃一惊。然而，近年来，一些排名较低的大学发现，如果提供足够丰厚的待遇，在其专业领域已有些名气的知名学者可能会被从排名靠前的大学吸引过来。通过这种方式，一些排名较低的大学设法通过吸引更多知名学者的方法让学校排名有了一定的提升。基本上来说，这类高校排名有所上升，是因为人们认为其教师队伍的智力水平提高了。

在许多大学里，猎聘聪明的教师已经成为一项大生意。据《高等教育纪事报》最近发表的一篇文章[巴斯肯(Basken)，2015b]介绍，得克萨斯州的各所大学仅在过去 5 年就花费了 2.5 亿美元招募了大约 80 名“理科名师”(第 A6 页)。加利福尼亚州、佐治亚州、纽约州和犹他州等其他州都有类似的高昂公共支出报告。《高等教育纪事报》中的一篇文章大部分内容都聚焦于描述各高校引进这些著名的新教师后，预计他们将为各州及大学所带来的经济效益。这篇文章的特别之处是，*教育*、*教学*或*学习*这些术语并未出现在文章中。文章中也没有提到这些“名师”的到来会如何提升大学的教育项目，也没说明这些新引进的教师将承担多少教学工作(如果有的话)，或者在招聘过程中是否涉及一些他们在教学方面可能感兴趣的或事关他们能力的问题。

《高等教育纪事报》同一期的一篇相关文章(巴斯肯，2015a)描述了一场旷日持久的争议，南加利福尼亚大学(USC)设法从加利福尼亚大学圣地亚哥分校(UCSD)引进了一位著名的神经科学教授，并为他提供50万美元的保底年薪。这场争议围绕这位教授试图将5500万美元的研究经费从加利福尼亚大学圣地亚哥分校转移到南加利福尼亚大学一事展开。加利福尼亚大学圣地亚哥分校的官员声称，该经费属于他们大学，而非这位教授个人。

最近一项针对高校教师的全国性调查（伊根等，2014）显示了具有不同文化背景的教师，尤其是那些私立大学和公立大学的教师如何看待他们的学校。调查要求对高校的17个重点事项进行排序，所有类型的四年制高校的教师都将“促进学生的智力发展”列为学校的首要工作事项（80%）。接下来排名最高的两个重点事项是“为学生进入职场做好准备”（74%）和“提升学校在全国的形象”（73%）。

然而，当我们只关注最具选择性的私立大学时，会发现他们的优先顺序有所不同。与全国其他高校的教师一样，私立大学的教师也将“促进学生的智力发展”排在比较靠前的位置（81%），但他们学校排在最前面的两个重点事项是“提升学校在全国的形象”（90%）和“提高或维持学校的声誉”（87%）。公立大学的教师也将“提升学校在全国的形象”列为学校的首要重点事项（84%），但《高等教育纪事报》中的文章提到，他们排在第二位的重点事项是“寻求校外资助”（82%）。

## 与学生的关系

虽然在教师文化中，高校教师不承认他们特别喜欢聪明的学生，但也许这样做最严重的后果是它影响着教授与学生的关系。大多数高校教授显然更喜欢最聪明的学生，这不仅在课堂上有所表现，在招生过程中表现得最为明显:“如果聪明的学生报考我们学校还选我的课,那么这就说明我也很聪明;如果我的学生很聪明,我肯定也聪明!但如果我的学生不怎么聪明,那么就会让我脸上无光。”这种想法或许有助于解释为什么有这么多学者强烈支持选择性招生政策,密切关注他们所录取新生的平均考试成绩,这也有助于解释为什么很少有教授愿意与准备不充分的学生或那些需要上补习课程的学生打交道。

针对高校教师开展的全国性调查揭示了高校教师文化对聪明学生的过度关注。本质上来说,*许多美国高校教授对他们学生的评价不是很高*。例如,当被问及“教师是否认为大多数学生在学业上做了充分准备”时,只有大约三分之一(36%)的教师会给出肯定答案(林霍尔姆等,2005)。毫不奇怪,这一数字在社区学院的教师中最低(22%)。在最具选择性高校,也就是私立大学任教的教师中,这一数字要高得多(67%)(林霍尔姆等,2005)。

同样,当被问及他们对所在学校“学生质量”的满意度时,只有一半(50%)的教师表示“满意”或“非常满意”。这一数字在社区学院的教师中还是最低(39%),在私立大学教师中仍然最高(75%)。然而,尽管大多数私立大学招生时都相当挑剔,但令人惊讶的是,这些高校中仍有四分之一的教授对学生的质量持保留态度。

与这些数据相符的是,超过一半(56%)的高校教师表示“教那些准备不充分的学生”是他们“压力的来源”(林霍尔姆等,2005,第43页)。正如所预料的那样,这一数字在社区学院教师中最高(68%),在私立大学教师中最低(34%)。尽管如此,令人惊讶的是,三分之一在私立大学任教的教师表示,“教那些准备不充分的学生”是他们压力的主要来源。

大多数高校教师把课堂作为传授学生知识和促进学生学习的主要载体。然而，对于一些教师来说，课堂是他们展示聪明才智的又一舞台，此时学生就是他们的观众。课堂授课长期以来一直是这些教授展示自己知识、智慧或才华的首选之策，但也常常受到批评，因为有人认为这不是一种特别有效的教学方法，它往往让学生处于被动地位。在许多大班授课过程中，教授只是“讲授”知识，希望学生能“吸收”这些信息。一些更为积极的学习形式——讨论、写作、解决问题、合作学习——据说是学生掌握课程知识和发展智能的更为有效的方法[邦威尔和埃尔森(Bonwell & Elson)，1991]。尽管三十年前就发布过几份有影响力的报告，主张在课堂上更多运用多种主动学习的方法[奇克林和甘姆森(Chickering & Gamson)，1987；研究小组，1984]，但课堂讲授仍然是高校教学中的首选方法。

依赖课堂授课可能是大学教授能腾出更多时间搞研究的最简便方法。在许多大学，授课教师让研究生助教与学生展开小组讨论，在许多情况下，甚至让助教负责组织考试和评分。年复一年地教授相同的课程，教授可以最大限度地减少备新课所需的时间。

教授严重依赖课堂授课，实际上遵循的是所谓的“银行式”学习理论[弗莱雷(Freire)，1970]，在该理论中，教授被视为知识宝库，而学生则被视为一个空的容器。通过讲授，知识被从教授的头脑中提取出来，然后存放到学生的头脑中。除了将学生降级为被动接受者之外，讲授这种方法将教授打造成一个无所不知的圣人角色。当然，这直接与有一些教授想要被视为聪明人的心理需求相关。然而，基于这一需求行事时，教授们不愿承认自己也有些不太有把握的知识，有些观点是错的，或者有些知识他们根本就不了解。

教授想要被视为聪明人的心理需求会对学生产生影响，这些学生想尽各种办法让自己在教授和同学眼中显得很聪明。任何有经验的高校教师都会感觉到，对许多学生来说，他们的目标与其说是掌握课程所学知识，不如说是*让教授认为他们已经掌握了课程所学知识*。这当然是那些将精力主要放在取得好成绩上的学生所采取的基本策略。与此同时，在课堂上，许多学生试图掩饰自己的无知，可以这么说，他们不敢提问题或发表观点，这些问题和观点可能暴露他们没听懂或不理解教授所讲的内容。

当涉及向同学们展示自己有多聪明时，有些学生所采用的最直接的方法似乎是努力学习以确保能取得好成绩。但努力学习也有潜在弊端，因为花大量时间学习和备考的学生很可能被视为“死用功”或“书呆子”。一种截然不同的策略是表现得*不怎么努力*，甚至可能在别人看来他们对学习和成绩漠不关心。采用这种策略且*仍然*能取得好成绩的学生会激起同学们的敬畏之情：“哇，他在学习上没有投入一点儿精力，仍然能得到‘A’。他一定很聪明！”

那些抱怨有太多学生对取得好成绩比对学习学科知识更感兴趣的教授可能没有意识到，正是他们和同事共同营造并维系的高等教育体系助长了这种态度。想要攻读研究生的学生都非常清楚，所有法学院、医学院和博士项目都想挑选最聪明的学生，而高校的平均学分绩点是这些研究生课程用来筛选最聪明申请人的关键指标之一。在一两门关键课程中得 B 而不是 A 有时会是研究生院或专业学校接受或拒绝一个学生的原因。当然，同样平均学分绩点也是高中生用于申请选择性本科院校的敲门砖。

## 展望未来

在这一章中，我试图探讨高校教授对聪明的推崇是如何体现在他们的政策、教学实践、师生关系以及与其他高校的关系之中。在指出这种对聪明重要性的无意识关注的弊端时，我并不想暗示关注学生的聪明、学术能力或智力有什么不对。相反，如果每个普通公民都能比现在*更*聪明一些，我们的国家就会受益匪浅。培养智力人才当然是教育机构的主要目的之一，但多年来，高校教师更注重*展示*自己的聪明才智，并热衷于*辨别*和*储备*聪明的学生和同事，而不是*发展*学生的智力水平。这种不平衡体现在许多方面，包括重研究轻教学，越来越依赖常模参照标准化考试，以及缺乏能够展示学生实际学习内容及其智力技能发展情况的评价方式。

如果高校教师按照我目前提出的一些建议采取相应行动，普通教授的日常工作会有什么变化呢？也许回答这个问题最简单的方法是指出，如果教师按照我的建议行事，教授与本科生的关系将越来越像*研究生*教育阶段的样子，尤其是像博士生学习阶段的样子。在博士项目中，教授会深入了解学生的个人情况，定期监测学生的学习进展，并与学生密切合作推进*创造性*项目，尤其是指导学生写作学位论文。当然，教授还需要为学生开设正式的课程和讲座，但他们更多的是作为学生的指导者而存在，并不是评判者或评价者。尽管可能会有评分，但没有人太关注成绩，因为它们主要是为了记录学生的学习情况。鉴于只有一名或几名教师对学生的学习情况了如指掌，如果需要某种反映研究生学习进展情况的正式文件，那么叙述性评价材料准备起来更容易些。事实上，如果更多研究生的导师根据他们对研究生个人学习和发展情况的了解来准备更正式的叙述性评价，那么当代研究生教育工作效果可能会显著加强。当然，这样的反馈对研究生来说可能具有相当大的价值。

我还要指出，已经有少数本科院校普遍采用这种导师制，尤其是那些采用叙述性评价方式的学院（见第五章）。当然，几乎在各种类型的高校中，都有一些专注于此的教师，他们努力尝试至少与部分本科生建立起这种指导关系。

改变像高校教师文化这种复杂而微妙的事物绝非易事。毕竟，文化在很大程度上是无形的，它事关群体的共同价值观和信仰。高校教师很少讨论他们的共同信仰，除非学术自由等更突出的价值观受到威胁或质疑时。然而，由于大多数高校教授可能并没有意识到他们对聪明重要性的关注在多大程度上影响他们的政策和教学实践，所以我撰写这本书的出发点之一就是鼓励教师反思他们的这种关注在日常工作中所起的作用。在理想情况下，此类反思应包括以下内容：

- 偏爱最聪明的学生，只录取最聪明的申请者，会挫伤普通学生的学习积极性，也不利于我们在教育体系中实现更大程度的种族和社会经济公平。
- 我们国家长期的社会和经济福祉不仅取决于能否找到更有效的方法来教育那些准备不充分和需要上补习课程的学生，还在于为准备进入各层级学习的学生“增值”。

- 教师渴望被同事视为聪明可能会导致学术管理过程中出现功能失调。
- 继续将标准化考试成绩作为衡量学生智力水平的主要手段，会忽视人类天赋和创造力的巨大多样性。
- 评估大学生的成长和发展状况不应该只考虑传统的认知能力，还应更为重视领导力、同理心、自我认知、社会责任感和公民意识等情感特质。
- 课程学分和平均学分绩点并不能很好地衡量学生的学习情况，重要的是要找到更好的方法来评价学生一段时间以来的成长和发展情况。
- 高校教师对聪明的过度关注，以及他们一直以来将学分和考试成绩作为衡量学生聪明与否的主要指标，固化了“招生乱象”，并对目前高校的等级秩序起到推波助澜的作用，在这种秩序中，过多的资源被投入到数量相对较少的“最聪明”学生的身上，而在那些最需要进一步接受教育的学生身上投入的资源却最少。

# 第七章

# 还有出路吗？

在未来几十年内，美国高等教育的目标是服务于迅速发展的信息和知识型社会，服务于日益多样化的人群，并最终服务于那些将来不得不面对一系列环境、社会和经济挑战的学生群体。鉴于这些现实，美国的高校如果继续像往常那样运作将是鲁莽之举。瞬息万变的社会需要一个教育体系，旨在教育*所有*学生发挥最大潜能，而不仅关注学分和考试成绩最高的那些学生。

本书的一个核心论点是，高等教育需要改变其测试和评分办法，优先要做的事应该是教育具有不同学历水平的学生。当前尤其具有讽刺意味的是，“最聪明”的学生，即当前教育制度最青睐的学生，是那些最不会受到该制度局限性影响的学生，现实教育制度的局限性表现为：对学生的实际*学习情况*缺乏了解，重科研而轻教学与指导的教师文化，还有依赖于只能部分反映学生“才能”的测试和评分方式。成绩优异的学生不太可能受到这些局限性的影响，因为他们往往学习积极主动，有良好的学习习惯，并拥有较强的学习技能。

多年来，我一直从事高校教育工作，并研究高等教育的现状，我相信，我们的高等教育体系积极影响社会变革的能力还没有真正得到检验。如果让我只选择一个领域，在此领域美国高等教育想要快速引发积极的社会变革，那就必须了解该如何对待那些仅能达到平均水平和准备不充分[①]的学生。目前，这些学生在各个方面都未得到充分的关注和服务。首先，大多数这类学生都被那些资源丰富的高校拒之门外。此外，许多本可以申请高校的学生甚至不敢考虑接受高等教育，这是由于中小学普遍采用标准化考试，这些考试经常以百分位数成绩的形式给学生评分，这在无形中向大多数学生传递了负面信息：你只具备中等水平，你很平庸，你不是上大学的料，上大学不适合你，你是个失败者。这种在中小学阶段采用标准化考试的做法得到了高校的默许，因为它们在招生过程中普遍采用此类考试形式。[②] 如果高等教育阶段不再如此严重依赖标准化考试，那么中小学在无形中也会仿效这样的做法。

教育准备不充分的学生，其利害关系尤其重大。如果我们的教育体系能够更好地帮助更多准备不充分的学生进入高校学习并完成大学学业，我们几乎可以肯定会看到经济生产力的提高，失业、犯罪和种族矛盾也会随之减少。此外，成功地教育更多准备不充分的学生将有助于减少目前存在于不同种族和社会阶层之间的一些社会和经济不

---

① 应该提醒读者的是，我使用“准备不充分”一词纯粹是描述性的，指的是那些在中学标准化考试中得分相对较低、平均学分绩点相对较低的学生。在美国高等教育阶段，仅能达到平均水平或准备不充分有特别的意义，因为它严重限制了学生的教育选择和受教育机会。

② 完全由标准化考试推动的《联邦不让一个孩子掉队法案》受到了许多批评，包括鼓励“应试教育”，以及严格限制了那些可以被认为是重要的中小学阶段的学习成果。

平等。

加强对普通学生和准备不充分学生的教育可能给我们带来的另一个好处与我们目前糟糕的民主状态有关。选民参与率一直这么低，实在令人不安，公众缺乏教育似乎是造成这个局面的一个主要原因。在2010年秋季的选举中，未接受过大学教育的公民中只有35%的人投了票，而取得大学学位公民的投票率达到61%（非营利投票组织，2011）。受过高等教育的民众越多，他们投票选出的结果也就越有质量。

## 公立高等教育为谁服务?

当然，对于高等教育为谁服务的问题，最直接的答案是公立高等教育是为公众服务的，根据其定义可知，公众包括所有人。加利福尼亚州《高等教育总体规划》以及大多数其他州的类似规划背后的初衷确实是为所有公众服务——"属于每一个人的地方"（高校数据平台，未注明日期）。

但当我们审视这些州教育系统的结构时，就会清楚地发现，它们是为促进那些最聪明学生的发展而设计的。事实上，每个州都建立了一个三层分级体系，在这个体系中，旗舰大学和一些重要的研究型大学位于顶部，社区学院位于底部，位于中间层级的是州立学院和大学。几乎所有高中毕业生都可以进入社区学院，而基于高中学分和标准化考试成绩的选拔性录取方式通常决定谁可以进入研究型大学，在一定程度上也决定了哪些学生可以上州立学院和大学。由于这些招生政策，成绩一般的学生、贫困学生、第一代大学生以及那些代表性不足的有色人种——黑人、西班牙裔和美洲原住民——主要集中在社区学院，这类学生在研究型大学中不具有代表性。

最近的趋势表明，出自*中*等收入家庭的学生面临的不平等现象实际上一直在恶化。例如，在最具选择性的高校中，来自高收入家庭的学生比例过高，而且呈继续上升趋势，而不到 50%的学生来自低收入家庭[①]的情况一直保持不变[阿斯汀和奥塞古埃拉(Astin & Oseguera)，2004]。与此同时，来自中等收入家庭的学生在这些最具选择性的高校中的占比一直在下降。换句话说，在最具选择性的高校中，来自低收入家庭的学生始终保持稳定的(较低的)人数，但来自中等收入家庭学生的人数正被来自高收入家庭的学生所取代。面对这些趋势，最可能的解释是，一方面，由于在高校读书的成本不断上升，来自中等收入家庭的学生正被渐渐挤出那些最具选择性的高校。另一方面，由于可以获得经济赞助，那些来自低收入家庭的学生得以保持在这些高校的数量。

让我们来仔细分析一下更多的数据。在那些就读于社区学院的学生的家长中，只有 31%获得过大学学位，而那些公立研究型大学学生家长的这一比例达到 59%(州立学院和大学学生家长的情况与社区学院学生家长的情况更接近一些，只有 41%)。就读于不同高校学生的父母的收入也呈现类似的模式：在就读于社区学院学生的父母中，41%的人年收入低于 4 万美元，而那些公立研究型大学学生父母的这

① 这意味着，在精英高校就读的来自低收入家庭学生的人数只有大学生总人数的一半。

一比例仅为 25%。从另一个指标来看，在公立大学学生家长中，有 35%的年收入至少达到 10 万美元，而社区学院学生家长的这一比例仅为 20%[雷德温(Radwin)等，2013]。

不同高校种族学生入学情况统计下来也基本上呈同样状况。代表性不足的少数群体——黑人、西班牙裔和美洲原住民——占社区学院入学学生人数的三分之一以上(37%)，而公立研究型大学的这一比例仅为六分之一(17%)。同样，州立学院和大学的这一比例介于这两者之间——28%的入学新生是代表性不足的有色人种学生(美国国家教育统计中心，2013)。

如果这三个层级的公立院校提供的教育机会均等的话，我就不会写这本书了，显然它们提供的机会是不均等的。我上文已经提到过各种高校提供住宿体验的情况，大多数社区学院的全日制新生无法在校园内获得住宿体验。似乎 90%以上的社区学院*不具备*学生住宿条件(《维基百科》，未注明日期)，而在少数能为学生提供宿舍的社区学院中，大多数只能让一小部分全日制新生住校。与此形成鲜明对比的是，2014 年秋季，公立研究型大学有 81%的新生计划住在校园的宿舍里，在州立学院和大学，这一比例为 58%(伊根等，2015)。大量研究表明，住校对许多学生的学习有积极影响，包括留校就读能力(帕斯卡雷拉和特伦兹尼，1991，2005)。尽管许多社区学院的学生，包括脱产学习的学生和在职成年人，确实不需要住校，但每年秋天，社区学院也会招收 50 多万名全日制高中毕业生(美国国家教育统计中心，2015)。这三个层级的公立院校之间的不平等可能在学校支出方面表现得最为明显。当谈及支出事宜时，几乎无一例外，每一项支出政策都有利于综合性大学和其他四年制高校，而不是社区学院。举一个突出的例子，在 2012—2013 学年，公立四年制大学中每名全日制本科生的教学支出是社区学院学生的两倍多：生均 9630 美元，而社区学院每位学生仅为 4755 美元（美国国家教育统计中心，2015）。

导致这些不平等现象的真正原因是什么？通过建立高校等级制度来满足公众的高等教育需求，然后实施选择性招生政策，剥夺大量普通学生、贫困学生、第一代大学生和代表性不足的有色人种学生的"最佳"机会，这符合州政府或是公众的何种目的？为什么对那些学术能力最差的学生投入最少的教育资源？这种做法对各州或国家有什么好处？据我所知，没有一位教育工作者或政策制定者对为何采取这些公共制度提供过有说服力的教育案例。

## 教师的困境

大学教授比较看重智力水平，更喜欢和聪明的学生一起共事，这是完全可以理解的。聪明的学生通常很有灵气，教这类学生很有趣。他们喜欢阅读、写作和学习，通常能够理解教授教给他们的知识，教授们相信他们会努力学习所选课程。此外，教授们明白，我们的社会*需要*聪明人——包括那些只是学分高和考试成绩好的人——而这些学生需要接受良好的教育。

从更微妙的层面来看，许多教授发现自己更容易与那些最聪明的学生产生共鸣，因为这些学生让他们想起了自己还是大学生时的那些时光。高校教师也意识到，这些聪明学生中的一部分人很可能将来会成为下一批大学教师。事实上，教授们有时会把那些最聪明的本科生当作年轻的同事来看待。因此，难怪各院校竞相招收聪明的高中毕业生，而高校教师往往倾向于录取最聪明的学生。

然而，当我们从社会的更大需求方面来看待这场讨论时，我们不得不正视一个严峻的现实：*高校所录取的那些准备充分的聪明学生的人数是有限的，大多数最终能进大学的学生都是些只能达到平均水平甚至低于平均水平的学生*。从之前引用的全国性调查数据来看，大多数不得不教那些不太聪明或准备不充分学生的教师对此并不满意，这与他们努力攻读博士学位时所期望的状况颇有差距。

大多数高校教师都接受过某学科领域的专门培训——历史学、物理学、社会学等等。他们自认为是该学科领域的专家，并被学校聘请为本科生讲授该门学科。因此，他们遭遇的主要挫败感之一是，当他们最终在非选择性高校——那些录取大多数本科生的院校——任教时，他们发现许多学生缺乏最基本的学术技能，无法领会专业的学术知识。教师往往发现自己需要花费大量时间试图帮助学生加强阅读理解、数学运算、英语作文以及批判性和分析性思维等基本学术技能，而不是把教学精力集中在讲授他们最喜欢的学科上。此外，由于许多准备不充分的学生尚未养成良好的学习习惯，他们在学习常规学术课程时很容易掉队，而且很难赶上去。即使这些高校有一些更具同理心的教授，他们试图帮助那些仅能达到平均水平和低于平均水平的学生，但他们常常会觉得困难重重，结果也令人沮丧。难点不仅在于他们自己读研时几乎没有接受过如何教授这类学生的培训，而且在于他们在与这些学生群体打交道时几乎得不到同事的认可或支持。在崇尚聪明的教师文化中，与那些被认为不够聪明的学生打交道并不是有意义的事。

许多公立院校试图通过开设所谓补习课程或发展性课程来解决仅能达到平均水平和准备不充分学生数量多所带来的挑战。大多数正式教师对讲授此类课程不感兴趣，因此这些高校经常聘请兼职或业余教员来做这项工作。与正式的全职教师相比，这些兼职教员受教育程度较低，教学经验较少，工资也较低（社区学院学业导师聘请中心，2014）。补习班的班级规模也往往比常规课程班级大，学生通常还得额外交付费用，而且这些课程通常不计入大学学分。

我们高校的补习教育是一个极具争议性的话题[米切尔（Mitchell），2014]。尽管有些研究人员得出结论，补习教育可以帮助学生完成大学学业，但还有一些人认为补习教育实际上可能成为一种障碍，那些准备不充分的学生应该被纳入常规的主流大学课程教育范畴[贝廷格和朗（Bettinger & Long），2009；罗斯曼等，1975]。不久前，美国两所最大州立大学的校董实际上建议完全取消补习教育[布莱尔（Blair），1999]，纽约市立大学四年制学院的教师也持相同想法（帕克和理查森，2005）（见第四章）。最近对补习教育研究的最新回顾[朗和波特曼（Long & Boatman），2013]表明，目前还不足以得出关于谁应该接受补习教育或如何以最佳方式提供补习教育的明确结论。

因此，目前仍存在大量基本问题：美国高等教育，尤其是公立学院和大学，招收了许多准备不充分的学生，而愿意教他们、能够教好他们的教师却很少。这些高校的大多数全职终身教师更想教聪明的学生，但学校没有那么多聪明的学生给他们教。

## 变革是否可能？ 是否可行？

考虑到其中可能涉及的高风险，什么都不做——眼睁睁看着美国高等教育继续照常运转，维持现状——是一个糟糕的想法。大多数学生没有得到很好的教育服务，而我们的社会中存在着足够多的不平等、失业和种族关系紧张等问题。

高等教育所具有的自主权是其推动社会积极变革的潜力。在某些宽泛的限制范围内，美国高校可以自由决定录取哪些学生，教他们什么，如何教他们，如何评估他们的表现，以及给哪些学生授予学分和学位。这些高校实质上也可以自由决定聘用哪些教职员工、他们的任期多长和给哪些教师晋升，以及以什么作为评判的标准。最重要的是，*目前大多数决策权掌握在教师手上*。

让我们来快速盘点一下那些主要由教师掌控的相关问题和做法：

- 只录取"最聪明"申请人的选择性招生方式
- 继续严重依赖学术能力评估测试等标准化考试
- 继续依赖传统的靠课程学分来评估入学学生表现的方式
- 崇尚一种不重视也不鼓励对准备不充分学生进行教育的文化
- 不愿意采用叙述性评价方式来评价学生
- 不愿意将"学生重要的学习成果"的内涵扩大到包括领导力、创造力、公民责任感和其他在高校使命宣言中经常提到的那些"情感"品质等方面

- 不愿采用纵向的、前后对照的评估方式来衡量学生的学习和成长情况
- 招聘活动（尤其是在研究型大学）很少或根本不考虑候选人在教学和指导学生方面的兴趣、经验或能力
- 在招聘活动中，试图将低（或无）教学“工作量”的承诺作为吸引研究型名师的亮点
- 人事政策在考核“资深”教师和导师研究绩效方面权重较低
- 博士培养项目很少或根本不强调对准备不充分的学生进行教育

## 聪明体现在哪里?

我想再次强调，聪明是重要且有用的。聪明是有真正价值的，即使是在狭义的获得高学分和在学术能力评估测试中能取得好成绩这个层面上来看。对于学生来说拥有这种智慧通常意味着功课学得好，词汇量大，阅读速度快，理解能力强，数学能力出众。

话虽如此，教育工作者还是很有必要问问自己以下一些问题：

- 一个学生拥有这种聪明才智是否意味着他就该比其他大多数人享有更好的教育？这是否意味着公众在这个学生身上投入的教育经费应该比大多数其他学生要高？
- 拥有这种聪明才智是否意味着你在某种程度上就高人一等？
- 这种聪明才智会对我们解决一些社会问题有所帮助吗？如果是这样，那么我们继续减少对目前缺乏这种聪明才智人群进行

教育投入又有多大合理性呢？对整个社会来说努力帮助更多的人*获得*更多此类聪明才智有多重要？

- 我们的社会还需要其他类型的智慧吗？创造力算不算？诚信、自我认知、同理心、领导力和公民意识呢？
- 如果其他类型的天赋也很重要，那么继续围绕如此狭隘的智慧概念构建整个教育体系又有多大合理性呢？

## 改变对学生的评分方式

如第五章所述，叙述性评价方式是拓宽我们理解“聪明”或“天赋”概念的潜在有力工具。这种评价可以让我们客观看待学生在单门课程中的表现，也可涵盖他们的整体成长和发展状况。传统的字母等级评分制度几乎不能提供多少很有用的信息，与其相比，叙述性评价方式可以让教授了解学生在学习过程中的表现：对专业知识的掌握情况、优缺点、学习动机、学习习惯、写作能力、逻辑能力、原创性能力等等。这种评价还可以反馈学生在其他方面的发展状况——领导力、创造力、自我认知、公民意识等——这些可能与教授、学生或高校的教学目标相关。

叙述性评价在强化学习过程方面有着巨大的潜力，因为它们能够解答学生会有多大*变化*或取得多少*进步*的问题。通过这种叙述性评价，学生可以得到一些具体的反馈，比如他们在哪些学科领域需要做更多努力或他们还需要强化哪些特定的学习技能（如写作）。此外，教授和研究生助教在为学生准备叙述性评价材料的过程中，能够更好地了解自己在教学方法上要做出怎样的适应性调整。

除了惯性之外，迄今为止大多数高校教师对用叙述性评价方法取代传统的字母等级评分方法兴趣不大还有几个原因。也许最明显的原因是这种做法会增加他们的额外工作量——不仅需要撰写评价材料，在写出有价值的评价材料前还要充分了解学生的学习情况等。特别是后一个原因对于教授大班课程的教师来说影响尤其大，由于学生太多，也许一个学期下来，教师都搞不清学生的姓名。依据课程类型和学科特点，研究生助教或许可以在教授的指导下对学生进行叙述性评价。事实上，如果教授和研究生助教首先分析每个学生的学习进展情况，那么叙述性评价的质量可能会显著提高。同时，这样的分析可以有效增强教授和研究生助教为学生提供有益建议和指导的能力。

对叙述性评价方法的另一个主要反对意见在于，它们不能提供可对学生进行排名和评级的信息；也就是说，难以通过它筛选出“最聪明的学生”。

特别是研究生院和用人单位的负责人可能会提出反对意见，因为他们不能获得一些便捷的量化指标——学生在高校时的平均学分绩点——他们必须仔细阅读对候选人所掌握知识、所获得技能和成就的定性描述才能了解候选人的情况。尽管存在这种微小的不便，但这些叙述性评价在衡量学生是否适合成为某个单位的员工或是否适合读研等方面似乎都有重要的价值。此外，如果研究生院或专业学院想通过一个定量指标来对申请人进行排名和评级，他们完全可以参考他们常规入学考试的成绩，如美国研究生入学考试、法学院入学考试（LSAT）、经企管理研究生入学考试（GMAT）或医学院入学考试

(MCAT)的成绩。

如果不提供每个学生的平均学分绩点,那么高校想要给学生授予各种学术"荣誉"或想挑选出"最聪明"的学生参加某些特别的"评比"活动时会有诸多不便。当然,此时权衡利弊的标准介于像平均学分绩点这种简单的定量指标与更为丰富的定性信息之间,定性信息很可能成为衡量学生是否具有资格参加各种不同活动的标准,如运用于授予荣誉或安排学生参加各种特殊的教育项目。

简而言之,叙述性评价在强化教学过程和对学生的学习和成长情况提供多样化评价标准方面存在巨大潜力,这种潜力似乎远远超过了为准备评价材料所做的额外工作以及不能通过一个简单的数字指标来判断学生聪明与否而带来的不便。当然,高校可以通过既运用叙述性评价又同时保留课程学分和平均学分绩点这两种方式来评价学生,当然,采用根据课程学分和平均学分绩点来评价学生的这种方法可能会为那些满足于根据学生的相对聪明程度对其进行简单排名的人士提供便捷,这种方法往往会削弱叙述性评价的价值。

## 改变测试学生的方式

没有人想成为失败者。然而,常模参照标准化考试的潜在负面影响是,它会造就大量失败者。① 从低年级开始,一旦学生到了能够数到

① 传统的字母等级评分法过去也是如此,但在过去的半个世纪里,由于逐步取消曲线评分和成绩滥用,完全靠成绩来推断哪些人是所谓失败者的做法已经大大弱化,尤其是在高中阶段。

100 的时候，有一半的小学生就会被告知他们的知识水平“低于平均水平”，甚至“有些笨”，还有一部分小学生被告知他们“只能”达到平均水平。[①] 这些负面信息就这样通过年复一年的测试不断传递下去，一直持续到他们上高中。大多数中小学教师和大学教师读书时可能都是考试成绩比较好的，所以他们可能不知道那些年复一年得到这些负面信息的学生会有什么样的感觉。

大学教师尤其如此，这不仅是因为他们之前的经历和对最聪明学生的关注，还因为他们通常只与同事打交道或者与其他领域的专业人士交往，而这些专业人士在上中小学时以及在大学期间考试成绩也是很好的。

无论对低分者心理的长期影响如何，年复一年得到这些负面信息肯定不会让这些学生对学校或学习产生积极的态度，他们通常也不会考虑上大学。在这种情况下，难怪低分学生的辍学率、大学入学率和大学辍学率都是迄今为止最高的。为什么要让自己再多受罪呢？

那些仅能达到平均水平和准备不充分的学生所面临的这些问题因受其他现实情况的影响而日益严重。他们中的许多人没有养成良好的学习习惯，即使参加了所谓的补习课程，也常常发现自己始终被甩在后面。他们中许多人的阅读速度也比较慢，可能会觉得写论文是一件难事。特别是那些准备不充分的学生，在做功课时往往得不到什么帮助，因为他们的父母更有可能是穷人，没有接受过大学教育，这些

---

① 显然为了减小对学生的打击，百分位数评分法通常以下面的形式呈现结果，“你的成绩比 X%的学生好”，但学生们非常清楚，在百分位数中位于第 12 位也就意味着有“88%的学生成绩比你好”。

学生往往就读于社区学院，那里普遍不重视学习和研究，其他学校同龄的学生甚至会诋毁这一类学校。

虽然高校教师无法解决所有这些问题，但他们至少可以采取一项重要措施来加强对所有学生的教育：*停止采用常模参照测试，并鼓励中小学教师和管理人员也这样做*。采取这一措施并不意味着一定要取消考试。这只是意味着我们呈现评分测试和报告测试结果的方式要有所改变。标准百分位数评分法向学生展示的只是他们与其他学生的关系，它将被原始分数评分法所取代，比如它可以告诉学生他们答对问题的数量或百分比。学生还可以知道*标准成绩*是多少，他们可以用此来比较自己的成绩。在中学阶段，学生要接受各方面知识的测试（如美国历史），要知道他们必须至少答对多少题目（数量或百分比）才能获得高中文凭。学校要为没能达到指定标准的学生提供学习指导，给他们提供阅读指导、视频讲座或辅导，以帮助他们达标。通过原始分数评分法，标准百分位数评分法带来的内在竞争可以得到缓解，因为学生只需要与自己比较。学生可能会告诉自己，“我要努力学习，看看下次我能不能做得更好。”请注意，有了这种评分法，理论上来说*所有*学生都能达标，学生不会有受到其他学生影响的可能。相比之下，标准（百分位数）评分法限制了能达标学生的数量。每个超过标准的学生必然会挤占其他一些学生的位置。

一些公立学校系统已经实施了最低能力测试法，当然其中还有不少学校继续使用标准百分位数评分法而不是原始分数评分法。

与百分位数等常规分数评分法相比，原始分数评分法的另一个真正优势是，它可以用来评估学生在一段时间内的成长和学习情况：“你这次多答对了15道题”，或者“这次你正确回答了70%的问题，而不是60%。”[①]这样，学生们就可以得到他们学习情况的具体数据。能够衡量一段时间以来学生的变化或进步情况，也有助于中小学和大学更好地评估其教育工作的有效性。像大学理事会和美国大学测试中心这样的测试机构几十年来一直坚持采用百分位数评分法或所谓的标准分数评分法，[②]如果中小学和大学要求他们用原始分数评分法替代百分位数或标准分数评分法，他们可能会怨声载道。然而，采用标准分数评分法除了便于将一个学生与其他学生相比较外，没有比采用原始分数评分法更好的理由了。那些坚持继续采用标准化考试来筛选最聪明申请者的高校其实也可以挑选出原始分数评分法中分数最高的申请者。问题很简单：如果标准化考试的使用者——中小学和大学——坚持用原始分数评分法替代标准百分位数评分法，那么考试机构将（即使不情愿）不得不这样做。

在此我要指出，仅仅改变考试成绩的呈现方式并不能改变准备不充分学生的基本学习状况：在准备不充分的人群中占比过高的同一群体——贫困学生、第一代大学生和代表性不足的有色人种学生——他们在标准化考试中，原始分数仍然相对较低。

在高等教育层面，越来越多的精英私立大学开始采取“考试可选”的招生政策，申请人不再需要提交学术能力评估测试或美国大学入学

---

① 如果你答对题目的百分数每次都发生变化，那么就无法确定你的实际水平是否真的发生了变化，或者变化了多少。

② 学术能力评估测试和美国大学入学考试成绩是标准分数，就与百分位数评分法一样，它只告诉学生他的分数比平均值高多少或低多少。

考试成绩。至少有一所精英高校最近宣布，即使学生在申请时附上这些考试成绩，学校也不再对其进行考量(《对学术能力评估测试/美国大学入学考试成绩说不》，2014)。较为温和的改革方案是：如果申请人能达到可证明其最低能力的指定分数，那么学校在审查过程中不会进一步考虑其考试成绩。那些希望继续采用入学考试方式招收新生的高校教师也希望影响尽可能小一些，为了满足他们的需求，学校决定采取一项更为温和的政策，公布最低能力分数，以保证录取新生时认真考虑申请材料中的其他内容。

用原始分数评分法替代标准分数评分法为测试提供了一种全新的途经：与其只是通过测试进行令人不愉快的比较——以区分聪明的学生和不那么聪明的学生——何不开始运用测试来加强对教育过程的管理？通过原始分数，可以评估随着时间的推移学生的学习有些什么变化，从而跟踪了解每个学生的成长和发展情况。通过这种方式，大学教师就有办法来确定他们的学生是否真的增长了知识、学习效果达到何种程度，以及他们的基本技能是否得到提升。同时，这种评分法也可以向学生及时反馈他们成长和进步的情况。这种反馈可以使教授和学生都能利用大家公认的有效学习法则，对学习成果有全面的了解。

这样的讨论让我们联想到第三章的主题——高校教师似乎更注重识别和夸赞聪明的学生，而不是很注重如何去促进学生智力水平的发展。若能定期运用有关学生如何随着时间的推移而发生变化和成长的信息，应该有助于高校教师将注意力更多地放在学生的学习过程上。叙述性评价也是一样，与传统的用课程学分评价学生的方式相比，叙述性评价必然涉及学生在学习过程中取得进步的情况。

如果大学教授能够成功将关注点从传统的评分法，即那种只是比较不同学生在某一时间点的表现，转变为监测每个学生长期的成长和进步情况，那么与教育仅能达到平均水平或准备不充分的学生相关的一些负面评论就会逐渐消失。毕竟，教育工作者的职责是促进学生的发展。在许多方面，帮助那些仅能达到平均水平或准备不充分的学生在原有基础上有所进步至少与帮助那些为高考做好充分准备的学生一样重要。

## 当前全美教育改革举措

目前，美国各地正在推进多项高等教育改革项目，由于数量太多，无法在此一一列举。据我所知，尽管这些努力尚未直接触及我们本书所讨论的核心问题——教育系统对传统意义上*"聪明"*的过度推崇、高校的等级秩序排列以及持续依赖仅对学生成绩进行排名而不关注记录他们学习成效的评估方法——但不乏有人正在展开与本书出版宗旨直接相关的一些努力。

其中最为相关的是试图降低大学生辍学率的项目。一个非常突出的例子是美国完成大学学业促进会（CCA），这是一个由 33 个州组成的全国性联盟组织，该组织承诺开展一些项目以提高大学生的毕业率，特别是帮助那些在社区学院和公立四年制大学读书的学生（美国完成大学学业促进会，2011）。美国完成大学学业促进会由私人基金会慷慨资助，开展各种研究，以寻求减少大学生辍学率和提高大学生毕业率的可行性策略，甚至向国会委员会提供相关证明材料。美国完成大学学业促进会和其他具有改革意识的组织提出了各种策略，也许其中最重要的策略便是劝阻那些准备不充分的学生利用业余时间上大学。这一建议与大量研究结果相一致，大量研究表明，利用业余时间上大学会降低学生完成学业的概率（阿斯汀和奥塞古埃拉，2005；帕斯卡雷拉和特伦兹尼，2005）。

另一项著名的改革举措是由美国高等学校协会（AAC&U）赞助的学习拓展与能力提升项目（LEAP）。截至 2015 年秋季，有 300 多所高校参与该项目，其目的是帮助所有大学生“获得广博的知识、高阶能力和适应现实社会需求的经验，使他们具备活跃于经济发展领域和参与全球民主活动的能力”。学习拓展与能力提升项目鼓励高校利用“对所有学生具有巨大影响力的（教育）实践”，并认识到传统学生评价方式的局限性，主张“制定真实的评估框架，并开展实践活动……这些框架和实践要与学生的学习成果相关，通过学生自己的努力来捕捉和记录学习情况”（美国高等学校协会，未注明日期）。[①]

在本章定稿之际，新闻媒体宣布集全国之力成立了一个名为“上得起学、负担得起费用并能获得成功”的新联盟，该联盟由 80 所高校组成，其中有 51 所顶尖的精英私立学院和大学以及 29 所公立旗舰大

---

① 本科教育有效学习评价（VALUE）是美国高等学校协会学习拓展与能力提升项目的关键组成部分之一。本科教育有效学习评价试图运用学生的实际学习成果来解决传统评价活动导致的狭隘性问题。高校教师对学生的研究论文、实验报告、写作样本、创意项目、电子档案，甚至展示学生在实际项目中工作表现的视频进行评分，以确定学生在多大程度上练习和发展了各种学习成果，如探究和分析、定量推理和问题解决能力。本科教育有效学习评价目前涉及数百所高校和 12 个州的高等教育系统。

学(《高等教育内部资料》,未注明日期)。该组织正在为各高校提供通用申请替代方案,通用申请多年来已被全国550多所精英院校使用(高校数据库,未注明日期)。这种通用申请替代方案鼓励即将进入大学的学生,在九年级时就开始提早与未来的大学合作,准备一份申请档案,其中包括学生在学校实际完成学业的情况,而不仅仅只有作为传统申请资料一部分的专门准备的论文。通过这种方式,高校招生人员可以为那些在高中不太能得到此类帮助的学生提供咨询服务,指导他们该如何做。

与本书所提建议(见第三章)密切相关的是该联盟之一的北卡罗来纳大学教堂山分校招生委员会一位官员的评论:"我们必须拓宽人才认定思路。这种方法将引导高校专注于培养高中生的才能,而并非仅仅是挑选已经有才华的高中生(《高等教育内部资料》,未注明日期)。"

然而,值得一提的是,该联盟的成员资格被限制在排名靠前的选择性高校之列:必须有充足的捐赠基金,可为所有被录取的来自低收入家庭的学生提供全额学费,且6年内学生的学位完成率至少要达到70%(这一点大多数公立院校和数百所相对而言属于非选择性高校的私立大学都达不到)。此外,似乎该联盟的所有成员都将继续使用标准化考试成绩和学校平均学分绩点作为筛选申请人的标准。

这些严苛的成员入会资格要求引发了一个问题,即这个新联盟的成立是否表明排名靠前的那些拔尖的精英高校正试图与其他500所左右使用通用申请系统录取新生的选拔标准较为宽松的高校划清界限了。

## 如何教育准备不充分的学生

关于如何在高等教育阶段教育好准备不充分的学生，我们大部分认知源于对补习教育的研究。如第四章所述，现有研究文献并没有清晰描述如何最大限度地做好这项工作（贝廷格和朗，2009）。许多因素都会影响研究结果，包括如何定义*准备不充分*；那些开设补习课程的院校属于哪种类型；对任课教师是否进行过培训以及他们的工作经验如何；班级规模；学生修完补习课程后能否融入常规班级；支持服务措施的实用性，如为学生提供咨询服务和帮助学生提高学习技能；以及所采用的教学方法类型（例如，开设讲座、组织小组讨论、合作学习、同伴互助学习、打造学习社区、衔接项目等）。

考虑到常规教师群体专注于培养最聪明的学生，在教师文化中，教准备不充分的学生被视为没什么意义的工作，那么关于如何教育好准备不充分的学生这方面的研究没有得到更充分的重视也就不足为奇了。尽管有数百项已发表的研究成果涉及准备不充分的学生，但现阶段我们对这一议题的了解还很有限，说实话，我认为至今没有令人信服的证据表明教育那些准备不充分的学生需要采用完全不同的教学方法。即便如此，我们必须承认对许多这类学生的教育已经在某些特定的情境下发生了。首先，大多数准备不充分的学生都就读于非住校制院校：大型、非选择性公立两年制和四年制院校，大部分学生都是走读生。在许多这样的高校中，学生辍学是*常见之事*。其次，补习班的规模往往更大，可能由一些兼职或临时教师授课，这些教师几乎没接受过专业培训，经验不足，他们的薪酬也低于正规的全职教师。

尽管所有准备不充分学生的中学学业成绩和标准化考试成绩都与其他学生不同，但他们绝非同质化群体，他们本身也是千差万别的。例如，尽管他们中的贫困学生、第一代大学生和来自代表性不足的少数族裔学生的占比较高，但也有很多准备不充分的学生来自白人或亚裔以及中产阶级家庭。

还需要认识到，学生准备不充分可能表现出各种形式。有些学生主要是在数学和科学方面存在问题，有些学生则是在学习那些需要大量阅读的课程时感到吃力，还有一些学生觉得英语作文最难。

尽管缺乏证据表明哪一种是所谓的最佳方法，但根据我们对本科教育最佳实践的一般认知（奇克林和甘姆森，1987；帕斯卡雷拉和特伦兹尼，1991，2005），我想提出四个一般性原则，在加强对准备不充分学生教育的课程中，我们都可以尝试运用这些原则。

1. *学生参与度*。这也被定义为*学习投入*［库（Kuh）等，2008］，是指学生在学习过程中投入的时间和身心方面的努力（研究小组，1984）。它与“动机”的概念密切相关。研究表明，参与度对学生本科学习阶段的大多数方面都会产生积极的影响（阿斯汀，1993）。简单地说，参与度可以概括为以下的说法：“你在学习方面投入得越多，你学到的就越多。”该问题对准备不充分的学生尤其重要，因为他们中的许多人在学习过程中还没有达到将阅读和学习视为愉悦有趣之事的阶段，他们往往觉得学习无聊，是苦差事。在这种情况下，想要让那些准备不充分的学生维持高强度的学业参与则很具挑战性。与此同时，对于教那些准备不充分学生的教师来说，让学生明白在本科教育阶段没有“免费午餐”是很重要的，要让这些学生明白能否成功完成学业主要取决于他们在学习方面愿意投入多少时间和精力。研究表明，例如，如果学生是全日制的，住在校园里，经常与教师互动（本条稍后讨论），而不是整天在校园外面工作，即便做些兼职工作也要限定在校园范围之内，他们学习时就更容易保持高参与度（阿斯汀，1993）。总之，在为那些准备不充分的学生设计课程时，教师必须牢记课程每个项目环节的设计都会潜在地影响学生的学习参与度。

2. *同伴互动*。同伴群体是影响大学生个体发展的巨大潜在力量（阿斯汀，1993）。协作学习［巴克利(Barkely)等，2005］和学习社区［史密斯(Smith)等，2004］等创新教学形式本质上是为了利用学生可以*互动学习*这一事实。尤里·特雷斯曼（Uri Treisman)所做的开创性工作是向非裔美国学生教授微积分，这是在教育准备不充分学生时发挥同伴群体力量的最显著事例之一（特雷斯曼，1992）。通过向学生展示该如何协作学习，特雷斯曼大幅提高了能够掌握这门困难学科学生的人数。这一原则的另一个潜在重要应用是同伴辅导，即学习能力更强的学生与准备不充分的学生一对一帮扶。经反复证明，同伴辅导是在各种高等教育方法中提高学生学习成绩的一种有效手段［托平(Topping)，1996，2001］。

3. *与教师互动*。关于大学生发展的研究文献中有大量证据表明师生互动能产生积极影响（阿斯汀，1993；帕斯卡雷拉和特伦兹尼,1991,2005)。这种互动的呈现形式是多样的:课上提问、课后谈心、办公时间的预约会面、校园内的非正式讨论、协助教师开展项目研究,教师还可以邀请学生到家里做客。与那些很少与教师接触的学生相比,经常与教师互动的学生整体学术成长更显著,他们对大学生活体验也更满意,更有可能完成学业。

4. *写作*。在所有学生大学阶段可以取得成功的重要基本技能中,良好的写作能力可能是重中之重。高校课程目录中列出的大多数科目至少需要具备一些写作能力,许多科目需要较强的写作能力。高校教师在教育那些准备不充分的学生时所遇到的具体问题和挑战中,最棘手的可能就是学生糟糕的写作能力。清晰的写作通常取决于清晰的思维,因此学习如何写好文章也是培养学生如何进行批判性思考的重要组成部分[徐(Tsui),2002]。因此,任何形式的旨在提升准备不充分学生能力的教育尝试都很可能也必须包括重点强化对学生书面写作技能的培养。

## 采取系统思维方式

大多数在高校工作的人,包括大多数教职员工,都从机构视角行事。他们从自己所服务高校的角度看待招生、考试、教学和院校关系等问题:什么对*我的*学校最好?我们该为*我的*学校做些什么?

相比之下,*系统*思维视角着眼于高等教育系统所服务的对象如何受所有高校共同作用的影响。当不同高校强化教学活动时,各个学校会不断改进自身的工作方法,努力实现整个系统的目标。但从系统思维视角来看，有时各个高校对自身利益的追求未必能形成一个有机整体。两个突出的例子便是择优录取制度和对仅能达到平均水平和准备不充分学生的教育。

当各个高校都同时试图通过采用择优录取手段来提高本校的“卓越”程度时，聪明的学生就会成为一种非常珍贵的商品。然而，因为聪明的学生只有这么多，此类招生策略本质上不过就是重新分配这些数目有限的聪明学生。各校同步进行的这些招生工作带来一个更微妙的后果，那就是无形中催生了一个体系，在这个体系中，那些仅能达到平均水平和准备不充分学生的教育更不被重视了。这样的学生出现在校园里被视为对高校的“卓越”性构成了威胁，而那些精英院校可以通过采用择优录取手段来完全规避这种风险。然而，那些选择性较低的高校不得不录取一部分仅能达到平均水平和准备不充分的学生，但正如全国性调查所显示的，这些高校的教师往往认为这些学生有问题，甚至是潜在的压力源(伊根等，2014；林霍尔姆等，2005)。因此，难怪大多数州都建立了只给这类学生最低限度教育投入的制度。

如果更多的教育工作者能够以系统思维视角审视自己的所做所为对整个系统的影响，那么他们就会清晰地意识到教育那些仅能达到平均水平和准备不充分学生的社会意义和在经济方面的价值。考虑到大多数高校教师都得教授一些这样的学生，博士培训项目或可着手开设一些专门的课程，聚焦如何更好地指导这类学生。研究生院的教育系和心理学系也开始重视研究教育此类学生的创新方法。那些招收大量准备不充分学生的高校可能开始重新审视一些政策，准备将补习课程的教学任务下放给兼职教师和临时代课教师。

即使在更具选择性的高校中，从系统思维视角来看也应鼓励教师重新审视他们对那些仅能达到平均水平和准备不充分学生的传统教育观念。在选择性高校里，也不乏这样的学生。例如，众多知名研究型大学的体育特招项目已承担起培养那些仅能达到平均水平和准备不充分学生的重任。尽管这些特殊的教育项目通常涉及如何辅导这些学生，如何为他们提供有针对性的服务，成本可能很高，但没有理由不考虑更多这类学生的需求。

如果更多在各州高等教育系统工作的教师能够优先考虑如何教育好各层次学生的问题，那么他们最终就能构建起合作机制，定期交流有关如何留住学生并成功教育不同层次水平学生的好方法。

在采取更具“系统性”的方法来解决教育准备不充分学生的问题时，教师们必须记住，他们最大的潜在资源可能是那些聪明的学生本身。可能没有任何其他群体比那些准备充分的同龄人更适合辅导那些准备不充分的学生。如果教师能够将这种同伴互助教学机制系统性地融入课程体系，每个人都会受益匪浅：将创建更多的教学资源来服务那些准备不充分的学生，而那些准备较充分的学生将有机会通过向他人传授知识的方式来巩固课程所学内容，高校内部的整体协作、关爱、民主社区意识将大大增强。如果将导师制与学业支持项目扩展到涵盖各种服务性学习机会，让学生导师与公立学校中的那些准备不充分的学生一起努力，高等教育机构与当地社区之间的联系也将得到加强。

## 总结

当我们把美国教育看作一个整体时，继续把如此多的注意力集中在只关注智力水平或是辨别哪些是最聪明的学生方面是一个失败的做法。这样的关注不仅让仅能达到平均水平和低于平均水平的学生受到冷落，而且分散了教育机构对其主要使命的关注：*培养*学生的聪明才智。如果继续用学术能力评估测试成绩或美国大学入学考试成绩等狭隘的衡量标准来定义*聪明*的话，那么我们就忽视了人类才能的巨大多样性，尤其是那些“情感”方面的才能——领导力、同理心、宽容心、自我认知、公民意识、人际交往技能等——这些都是高效运转的社会和世界所必需的技能。最后，继续依赖常模参照测试，只是因为它们简化了辨别哪些是最聪明学生的任务，我们就人为限定了教育系统中学生可能达到优秀的程度，并不断向大多数参加这些测试的学生传递负面的、令人沮丧的信息。

目前，高校教师首先面临的挑战可能不是改变他们对聪明的看法，而是更清醒地*意识到*这些看法的意义以及它们在职业生涯中所起的作用。具体而言，高校教师很有必要深入探讨两个密切相关的问题：

1. 如果加强对具有不同层次水平学生的教育对我们社会和国家未来的福祉至关重要，那么为什么教师文化会忽视对准备不充分学生的教育，而不是更加重视对他们的教育？

2. 为什么教师文化只是尊崇*原本*聪明的人，而不是更加致力于应对*提高*学生智力水平的挑战？

因为开发学生的智力和促进学生的个人成长与发展是优秀教学和杰出教育的全部内容，所以本次讨论必将让我们的国家和高校受益，帮助它们努力应对教育所有具有不同层次水平学生所带来的挑战。

# 后　记

## 我为什么写这本书

我职业生涯的大部分时间都致力于美国高等教育研究，并在一所著名的大学任教。在此期间，我走访了近300所不同类型的高校，并与数千名大学生、教师、管理人员和工作人员进行过交谈。我曾是几所私立大学和一所规模最大的营利性大学的董事，我曾有幸作为高校代表在大多数专业协会的年会上发言。

所有这些经历使我深信，高等教育是我们美国人所拥有的最宝贵资源之一。大学是一个几乎每个美国人都可以去钻研任何能想象到的议题的地方，在这里，你可以与来自各种背景的同学交流，可以与代表数十个不同知识领域的博学之士互动，可以自由地参与任何主题的辩论和讨论。大多数高校都有大量令人惊叹的资源组合来促进学生的学习和个人发展：教室、图书馆、实验室、宿舍楼、学生活动中心、娱乐设施、健康中心、博物馆、音乐会、体育赛事、戏剧表演、餐饮场所、美丽的自然环境，甚至有一些可以让学生静思冥想的地方。

高校配备了训练有素的教职员工、负责学生事务的工作人员和心系学生的管理者。这些人中的大多数都秉持着崇高的学校使命——在自由探究和自由表达的氛围中教育学生，寻求真理，促进知识和学术研究。在他们的使命宣言中，这些高校大多郑重承诺要帮助学生形成良好的品格，并培养他们的领导力和公民意识等品质。

近年来，高等教育饱受诟病，但其中很多指责并非它自身之过。例如，国家新闻媒体特别喜欢报道大学教育变得“太贵”这类指责。当然，这一指责暗含高校要么贪婪，要么在财政管理上不负责任，抑或两者兼而有之之意。支撑此论调的所谓“证据”几乎总是大学学费上涨与消费价格指数(CPI)上涨*百分比*的比较。根据这一指标，大学学费确实比消费价格指数上涨得更快，但这种比较是无意义的，因为大学学费并不包括学校运营的全部成本，尤其是公立院校。不妨算笔账：如果高校的实际开销以与消费价格指数*相同的*百分比上涨，那么学生的学费必须上涨*更多的*百分比才能跟上高校整体的上涨成本。在许多公立大学，学生交的学费不到学校运营成本的一半，学费上涨的百分比必须达到消费价格指数的*两倍*以上才能维持收支平衡。这种百分比比较没什么意义还有另外两个原因：(1)联邦对贫困学生的财政援助一直跟不上成本上涨的幅度，许多高校只得将上涨学生的学费作为填补缺口的唯一手段；(2)许多州最近减少了对高等教育的资助，这迫使公立院校通过上涨学费来弥补这一缺口。简而言之，除非批评者愿意全面考量这些财政现实，否则当他们声称学生上大学的费用变得“过高”时，高等教育就会受到抨击。

如今，人们经常对高等教育提出的另一个批评是，大学教师群体存在自由主义政治偏见。当然，这些批评常常是由政界的右翼人士提出的，但学术界存在自由主义“偏见”的观点已被主流媒体普遍接受。几乎所有支持这一说法的“证据”都来自对人文科学领域教师政治偏好的调查，他们在政治倾向上确实普遍偏向左翼立场。然而，很少有评论家会提及，在另外两个非常受欢迎的专业领域——商科和工科——任职的教授在政治方面倾向于*保守*立场！仅这两个领域的新生就占全校新生的近十分之三（伊根等，2015）！如果将商科和工科的教师也纳入统计范畴，那么自由主义的“偏见”就不会那么极端。

尽管总体而言学术界在政治观点方面持自由主义思想的教授比持保守主义思想的教授更多些（伊根等，2014），但那种认为高校教师应该设法在自由主义思想和保守主义思想之间保持政治“平衡”的观点是荒谬的。那种坚持认为企业工作人员的政治立场必须不偏不倚的想法合理吗？那么，我们部队里的士兵呢？人们*选择*自己的职业在一定程度上基于他们个人的价值观，而那些选择从事学术领域职业的人往往更倾向于接受自由主义价值观。

那些认为高校教师应该在自由主义思想和保守主义思想之间保持平衡的批评者实际上是在暗示，因为高校教师差不多就是个人政治观点的倡导者，所以作为倡导者，他们应该给具有不同政治背景的人“均等的机会”。对高校教师的这种看法与学术界的信仰和传统几乎是一致的，学术界最珍视的价值观包括自由表达不同观点、批判性思维和寻求真理。如果一位教授想通过所教课程吸引具有某一政治背景的学生，那么他通常会努力确保任何一位可能持不同观点的学生都有机会表达他们自己的观点。这种包容性在企业界或军队中恐怕难以寻觅。

毫不奇怪，当其他同学持左派政治观点时，那些极度保守的大学生有时会说，他们的政治观点在校园里不受欢迎，或者他们在表达自己的观点时会感到不自在。（对于恰好就读于宗教学院的不可知论学生，或者——就此而言——对于参了军的那些非常喜欢自由的人来说，情况也是如此。）如果你的观点与周围人的明显不同，你可能会在表达自己的观点时觉得很不自在，当你强行表达自己的观点时，你很可能会听到很多反对意见。然而，在这种情况下，学术界的传统观点认为教师的职责是——无论他们的个人观点如何——确保所有学生都有机会表达自己的观点，鼓励每个学生努力理解持相反观点同学的论点，并让学生了解与所辩论主题相关的事实性材料。这就是为什么学术界如此独特，如此特别，与大多数其他社会机构截然不同之处。

最后我们要谈一谈最近对学术界的一种批评，这种批评来自那些声称传统高等教育很快会成为“过去时”的人，他们主张高等教育的未来在于技术、远程学习和大规模开放的在线课程（慕课），包括可以通过互联网访问的录播讲座。这些批评者中不乏许多注重成本的政治家和政策制定者，他们声称在设有教室、实验室、图书馆、宿舍、宿舍楼和学生活动中心的校园里开展的传统本科教育是“过时的”且“过于昂贵”。那些主张用慕课作为替代方案的倡导者似乎认为，人文教育的本质可以简单地归结为课程内容：让学生接触一套特定的课程，*由此*，他们自然就能接受到人文教育！如果这样做，这种方式与几十年来对本科教育的系统研究背道而驰。该研究清楚地表明，本科教育的主要益处可以直接追溯到学生与教师的交流、学生间的互动以及各种学习体验——服务学习、独立研究、实习、课外活动，以及类似的一些体验——这些可以让学生亲自参与学习过程(帕斯卡雷拉和特伦兹尼,1991,2005)。基于慕课的本科教育似乎摒弃了几乎所有这些体验。尽管慕课对一些兼职学生来说无疑是有价值的,或者它也可以用来补充传统课堂教学的不足,但它们并不能替代基于校园的人文教育。

我想我必须加入高等教育批评者的行列,但在我多年研究高等教育的过程中,我逐渐相信高校对聪明的痴迷以及他们对标准化考试和传统字母等级评分法等的持续依赖使得高校为学生和公众利益服务的巨大潜力打了折扣。这些理念和做法助长并维持了高校的等级秩序和相关招生乱象,使得对人才的定义变得狭隘,还让我们偏离了高等教育的真正宗旨——促进学生的学习、成长和发展。尽管我们大多数其他主要社会机构——政府、企业和教会——在处理持续困扰国家的许多问题方面没有取得多大成绩,这些问题包括不平等、犯罪、种族冲突、政治僵局和财富分配不均——但我相信,美国高等教育在解决这些问题方面存在巨大的待开发潜力。这种潜力不仅源于高校拥有的丰富人力和物质资源,更源于大多数高校享有的高度自主权,即它们拥有选择行动路径的自主权,这将有助于高校释放更多巨大的潜力,推动积极的社会变革。正是基于这种潜力,我才决定撰写这本书。

# 参考文献


Adelman, C. (2004). *Principal indicators of student academic histories in postsecondary education, 1972–2000*. Washington, DC: U.S. Department of Education.

*Admissions narrative evaluations ...* (n.d.). Retrieved from https://www.hampshire.edu/admissions/narrative-evaluations-a-portrait-of-you

*Alverno's grading system.* (n.d.). Retrieved from http:/www.alverno.edu/grades/

Arenson, K.W. (1996, May 7). Study details CUNY successes from open-admissions policy. *New York Times.* Retrieved from http://www.nytimes.com/1996/05/07/nyregion/study-details-cuny-successes-from-open-admissions-policy.html

Association of American Colleges and Universities (AAC&U). (n.d.). *The LEAP challenge: Education for a world of unscripted problems.* Retrieved from https://www.aacu.org/leap

Astin, A.W. (1985). *Achieving educational excellence: A critical assessment of priorities and practices in higher education.* San Francisco, CA: Jossey-Bass.

Astin, A.W. (1993). *What matters in college? Four critical years revisited.* San Francisco, CA: Josscy-Bass.

Astin, A.W., & Astin, H.S. (1996). *Guidebook for a social change model of student leadership development.* Los Angeles, CA: Higher Education Research Institute, Graduate School of Education and Information Studies, University of California, Los Angeles.

Astin, A.W., Astin, H.S., & Lindholm, J.A. (2011). *Cultivating the spirit: How college can enhance students' inner lives.* San Francisco, CA: Jossey-Bass/Wiley.

Astin, A. W., & Oseguera, L. (2004). The declining 'equity' of American higher education. *The Review of Higher Education,* 27(3), 321–341.

Astin, A. W., & Vogelgesang, L. J. (2006). *Understanding the effects of service-learning: A study of students and faculty.* Los Angeles, CA: Higher Education Research Institute, Graduate School of Education and Information Studies, University of California, Los Angeles.

Barkely, E. F, Cross, K. P., & Howell Major, C. (2005). *Collaborative learning techniques: A handbook for college faculty.* San Francisco, CA: Jossey-Bass.

Basken, P. (2015a, August 7). Grant dispute between two California universities throws a gentleman's agreement out the window. *Chronicle of Higher Education,* A7.

Basken, P. (2015b, August 7). Rise in academic poaching is fueled by visions of prosperity. *Chronicle of Higher Education,* pp. A6–A7.

Baum, S., Kurose, C., & Ma, J. (2013). *How college shapes lives: Understanding the issues.* New York, NY: The College Board.

Bettinger, E. P., & Long. B. T. (2009). Addressing the needs of underprepared students in higher education: Does college remediation work? *Journal of Human Resources,* 44(3), 736–771.

Blair, J. (1999. December 8). N. Y., Calif. cracking down on college remediation. *Education Week Spotlight,* p. 6.

Bonwell, C., & Elson, J. (1991). *Active learning: Creating excitement in the classroom. AEHE-ERIC higher education report No. 1.* Washington, DC: Jossey-Bass.

Bowen, H. R. (1977). *Investment in learning: The individual and social value of American higher education.* San Francisco, CA: Jossey-Bass, Inc.

Bowman, N. A., & Bastedo, M. N. (2009). Getting on the front page: Organizational reputation, status signals, and the impact of U. S. News and World Report on student decisions. *Research in Higher Education,* 50(4), 415–436.

Campus Compact. (n. d.). *Membership.* Retrieved from compact. org/who-we-are/our-coalition/membership

Center for Community College Student Engagement. (2014). *Contingent commitments: Bringing part-time faculty into focus.* Austin, TX: Department of Education, University of Texas-Austin.

Cheng, A. (2014, December 8). *The complete story: What does SAT stand for? Plus fun questions.* PrepScholar. Retrieved from http: //blog. prepscholar. com/ what-does-sat-stand-for

Chickering, A. W. (1974). *Commuting versus resident students.* San Francisco, CA: Jossey-Bass.

Chickering, A. W., & Gamson, Z. F. (1987, March). Seven principles for good practice. *AAHE Bulletin* 39:3-7.

Clagett, R.S. (2010, October 15). Middlebury dean says SAT or ACT score is "seldom a deal breaker." *New York Times.* Retrieved from http:/ thechoice. blogs. nytimes. com/2010/10/15/middlebury/?_r=1

Collegedata. (n. d.). Retrieved from http://www. collegedata. com/cs/ content/common_app_colleges. jhtml

Complete College America. (2011). *Time is the enemy.* Washington, DC: Complete College America.

Dugan, J. P & Komives, S. R. (2007). *Developing leadership capacity in college students: Findings from a national study.* Report from the Multi-Institutional Study of Leadership. College Park, MD: National Clearinghouse for Leadership Programs, University of Maryland.

Eagan, K., Stolzenberg, E. B., Lozano, J. B., Aragon, M. C., Suchard, M. R., & Hurtado, S. (2014). *Undergraduate teaching faculty: The 2013-2014 HERI faculty survey.* Los Angeles, CA: Higher Education Research Institute, Graduate School of Education and Information Studies, University of California, Los Angeles.

Eagan, K., Stolzenberg, E. B., Ramirez, J. J., Aragon, M. C., Suchard, M.R, & Hurtado, S. (2015). *The American freshman: National norms fall 2014.* Los Angeles, CA: Higher Education Research Institute, Graduate School of Education and Information Studies, University of California, Los Angeles.

Eyler, J.S., Giles, Jr., G.E., Stenson, C.M., & Gray, C.J. (2001). *At a glance: What we know about the effects of service-learning on college students, faculty, institutions and communities, 1993-2000* (3rd ed.). Nashville, TN: Vanderbilt University.

Fisher, M. (2013, October 15). The amazing history of the Nobel Prize, told in maps and charts. *Washington Post.* Retrieved from https://www. washingtonpost. com/news/worldviews/wp/2013/10/15/the-amazing-history-of-the-nobel-prize-told-in-maps-and-charts/

Freire, P. (1970). *Pedagogy of the oppressed.* New York, NY: Continuum.

Fullinwider, R. K. (1997). Open admissions and remedial education at CUNY. *The affirmative action debate. Report from the Institute for Philosophy and Public Policy* (Special Issue Winter/Spring). College Park, MD: University of Maryland.

Gardner, H. (1999). *Intelligence reframed: Multiple intelligences for the 21st century.* New York: Basic Books.

Gardner, H. (2011). *Frames of mind: The theory of multiple intelligence.* New York, NY: Basic Books.

Goleman, D. (1998, January). What makes a leader? *Harvard Business Review,* 82-91. Retrieved from http://stattrak.amstat.org/files/2015/11/Whatmakesaleader.pdf

Goleman, D. (2005). *Emotional intelligence: Why it can matter more than IQ.* New York, NY: Bantam Books.

Goleman, D., & Senge, P. (2015). *The triple focus: A new approach to education.* Florence, MA: More Than Sound.

Hefferman, J. M., Hutchings, P., & Marchese, T. J. (1988). *Standardized tests and the purposes of assessment.* Washington, DC: American Association for Higher Education.

Hess, F.M., Hochleitner, T. (2012, May 24). *College ranking inflation: Are you overpaying for prestige?* Retrieved from http://www.aei.org/publication/college-rankings-inflation-are-you-overpaying-for-prestige/

Hoover, E. (2015, May 26). College admissions, frozen in time. *Chronicle of Higher Education,* pp. A23-A24.

Inside Higher Ed. (n.d.). Retrieved from https://www.insidehighered.com/news/2015/09/29/80-colleges-and-universities-announce-plan-new-application-and-new-approach

Komives, S. R., Lucas, N., & McMahon, T. R. (2013). *Exploring leadership: For college students who want to make a difference.* San Francisco, CA: Jossey-Bass/Wiley.

Komives, S. R, & Wagner, W. (2009). *Leadership for a better world: Understanding the social change model of leadership development.* San Francisco, CA: Jossey-Bass/Wiley.

Kuh, G.D., Cruce, T.M., & Shoup, R. (2008). Unmasking the effects of student engagement on first-tear college grades and persistence. *The Journal of Higher Education,* 79,540-563.

Lavin, D. E., & Hyllegard, D. (1996). *Changing the odds: Open admissions and the life chances of the disadvantaged.* New Haven, CT:

Yale University Press.
Lindholm, J. A., SzeIenyi, K., Hurtado, S., & Korn, W. S. (2005). *The American college teacher: National norms for the 2004–2005 faculty survey.* Los Angeles, CA: Higher Education Research Institute, Graduate School of Education and Information Studies, University of California, Los Angeles.
Long, B. T., & Boatman, A. (2013). The role of remedial and developmental courses in access and persistence. In A. Jones & L. Perna (Eds.), *The state of college access and completion: Improving college success for students from underrepresented groups* (pp. 77 – 95). New York, NY: Routledge Books.
Master Plan Survey Team. (1960). *A master plan for higher education in California,* 1960 – 1975. Sacramento, CA: California State Department of Education.
Meacham, J., & Gaff, J. (2006). Learning goals in mission statements: Implications for educational leadership. *Liberal Education,* 92 (1). Retrieved from https://www.aacu.org/publications-research/periodicals/learning-goals-mission-statements-implications-educational
Mitchell, J. (2014, November 17). Remedial courses in college stir questions over cost, effectiveness. *Wall Street Journal.* Retrieved from http://www.wsj.com/articles/remedial-courses-in-college-stir-questionsover-cost-effectiveness-1416243572
Moretti, E. (2005). *Does education reduce participation in criminal activities?* Berkeley, CA: University of California Department of Economics. Retrieved from http://devweb.tc.columbiaedu/man ager/symposium/Files/74_Moretti_Symp.pdf
Musil, C. M. (2015). *Civic prompts: Making civic learning routine across the disciplines.* Washington, DC: Association of American Colleges and Universities.
National Center for Education Statistics (NCES). (2013). Digest of education statistics. Table 306.50. Retrieved from https://nces.ed.gov/programs/digest/d13/tables/dt13_306.50.asp
National Center for Education Statistics (NCES). (2015, May). Undergraduate enrollment. Retrieved from https://nces.ed.gov/programs/coe/indicator_cha.asp
National Merit Scholarship Corporation. (2014). *Beyond academic excellence: National merit scholarship corporation annual report, 2012 – 2013.* Evanston, IL: National Merit Scholarship Corporation.

*No to the SATs/ACTs: Not even optional at Hampshire College.* (2014, June 18). Retrieved from https://www. hampshire. edu/news/2014/06/18/no-to-satsacts-not-even-optional-at-hampshire-college

Nobel laureates by university. (2009, October 12). *Wall Street Journal.* Retrieved from http://s. wsj. net/public/resources/documents/st _ nobel-prizes_20091012. html

Nonprofit Vote. (2011). *America goes to the polls: Voter participation gaps in the*2010 *midterm election.* Retrieved from http://www. nonprofitvo te. org/documents/2011/11/voter-participation-gaps-in-the-2010-midterm-election. pdf

Park, J. J., & Becks, A. H (2015). Who benefits from SAT prep?: An examination of high school context and race/ethnicity. *The Review of Higher Education,* 39(1), 1-23.

Parker, T.R., & Richardson, R.C. (2005). Ending remediation at CUNY: Implications for access and excellence. *Journal of Educational Research&Policy Studies,* 5(1), 1-22.

Pascarella, E.T., & Terenzini, P T. (1991). *How college affects students.* San Francisco, CA: Jossey-Bass.

Pascarella, E.T., & Terenzini, P T. (2005). *How college affects students: A third decade of research* (Vol.2). San Francisco, CA: Jossey-Bass.

Prentice, M., & Robinson, G. (2010). *Improving student learning outcomes with service learning.* Washington, DC: American Association of Community Colleges.

Princeton Review. (n.d.a). *Select SAT prep course.* Retrieved from http://www. princetonreview. com/college/sat-test-prep? ExDt = 2&ExKw = princeton%20sat%20prep&ExMt=b&ExDv

Princeton Review. (n. d. b). *How to choose dream, match, and safety schools.* Retrieved from www. princetonreview. com/college/match-reach-saftety. aspx

Princeton Review. (n.d.c). *Official terms and conditions of the better scores guarantee.* Retrieved from http://www. princetonreview. com/legal/guarantee-better-scores

Radwin, D., Wine, J., Siegel, P., & Bryan, M. (2013). *2011-12 National postsecondary student aid study (NPSAS: 12). Student financial aid estimates for 2011 -12. First look.* Washington, DC: National Center for Educational Statistics, U.S. Department of Education.

Rossmann, J.E., Astin, H.S., Astin, A.W., & El-Khawas, E. (1975).

*Open admissions at CUNY: An analysis of the first year.* New York, NY: Prentice-Hall.

Sankin, A. (2012, September 6). California spending more on prisons than colleges, report says. *Huff Post* (San Francisco). Retrieved from www.huffingtonpost.com/2012/09/06/california-prisons-colleges_n_1863101.html

Smith, B. L., MacGregor, J., Matthews, R. S., & Gabelnick, E. (2004). *Learning communities: Reforming undergraduate education.* San Francisco, CA: Jossey-Bass.

Stanford University. (n. d.). *Stanford undergraduate admission: 2014 applicant profile*. Retrieved from the Stanford University Web site: http://admission.stanford.edu/basics/selection/profile.html

Strauss, S. (2011, December 8). The connection between education, income inequality, and unemployment. *Huff Post.* Retrieved from www.huffingtonpost.com/steven-strauss/the-connection-between-ed_b_1066401.html

Study Group on the Conditions of Excellence in American Higher Education. (1984). *Involvement in learning: Realizing the potential of American higher education.* Washington, DC: National Institute of Education/U. S. Department of Education.

Topping. K. J. (1996). The effectiveness of peer tutoring in further and higher education: A typology and review of the literature. *Higher Education,* 32(3), 321-345.

Topping, K. (2001). *Peer assisted learning: A practical guide for teachers.* Newton, MA: Brookline Books.

Treisman, U. (1992). Studying students studying calculus: A look at the lives of minority mathematics students in college. *The College Mathematics Journal.* 23(5), 362-372.

Tsui, L. (2002). Fostering critical thinking through effective pedagogy: Evidence from four institutional case studies. *The Journal of Higher Education,* 73(6)740-763

Wikipedia. (n. d. a). SAT. Retrieved from https://en.wikipedia.org/wiki/SAT

Wikipedia. (n. d. b). List of community colleges in the United States with campus housing. Retrieved from https://en.wikipedia.org/wiki/List_of_community_colleges_in_the_United_States_with_campus_housing

World University Rankings. (2015). *World University Rankings 2014-15.*

Retrieved from https://www. timeshighereducation. com/world-university-rankings/2015/world-university-rankings#!/page/0/length/25

Vogelgesang, L. J., & Astin, A. W. (2000). Comparing the effects of service-learning and community service. *Michigan Journal of Community Service Learning*. 7,25-34.

Zwick, R. (2007). *College admission testing*. Washington, DC: National Association for College Admission Counseling.

# INDEX